总体报酬和工作特征
对员工绩效的影响

张山虎 著

知识产权出版社

全国百佳图书出版单位

图书在版编目（CIP）数据

总体报酬和工作特征对员工绩效的影响 / 张山虎著. —北京: 知识产权出版社, 2017.8
ISBN 978-7-5130-5007-4

Ⅰ.①总… Ⅱ.①张… Ⅲ.①劳动报酬－影响－企业管理－人事管理－研究 Ⅳ.①F272.92

中国版本图书馆CIP数据核字（2017）第162199号

内容提要

中国经济发展进入新常态，经济由高速增长转换为中高速增长，产业结构由低端向中高端转移，经济发展动力由依靠传统要素驱动向效率驱动、创新驱动转变，给企业带来了经营和发展压力。本书从研究报酬激励的角度出发，分析和研究总体报酬和工作特征对员工绩效的影响，结合外在激励（总体报酬）和内在激励（工作特征）促进员工进行人力资本投资，在经济转型和产业升级的严峻经营环境中，帮助企业获得可持续发展的竞争能力。

责任编辑: 李　娟　　　　　　　　　　　责任出版: 孙婷婷

总体报酬和工作特征对员工绩效的影响
ZONGTI BAOCHOU HE GONGZUO TEZHENG DUI YUANGONG JIXIAO DE YINGXIANG
张山虎　著

出版发行：知识产权出版社 有限责任公司	网　　址：http://www.ipph.cn
电　　话：010－82004826	http://www.laichushu.com
社　　址：北京市海淀区气象路50号院	邮　　编：100081
责编电话：010－82000860转8594	责编邮箱：549299101@qq.com
发行电话：010－82000860转8101	发行传真：010－82000893 / 82003279
印　　刷：北京中献拓方科技发展有限公司	经　　销：各大网上书店、新华书店及相关专业书店
开　　本：720mm×1000mm　1/16	印　　张：14
版　　次：2017年8月第1版	印　　次：2017年8月第1次印刷
字　　数：200千字	定　　价：49.00元
ISBN 978-7-5130-5007-4	

前　言

　　随着中国经济发展进入新常态，中国经济发展速度从高速增长向中高速转变，产业结构从低端产业向中高端产业升级转型，发展动力从要素驱动向创新驱动转变。在传统的经济高速增长的环境下，处于产业低端，依靠要素投入的增加也能获得发展（江南的加工制造业），但是随着外部需求的持续低迷，传统的要素投入受到边际递减倾向的影响，导致供给抑制，使得处于产业低端的企业难以生存，企业要获得健康可持续发展，必须转变经济发展方式，与中国整体的经济发展方式相一致。

　　无论是从中国经济发展的阶段变化，还是从中国当前在全球的竞争力来看，中国经济的可持续发展已经不能靠要素投入的增加来维持，并且要素投入的增加也是受到供给抑制和供给约束的，现在的经济发展已经转变为效率驱动和创新驱动，因此，当前的企业和社会就应该提高企业的效率，促使企业从产业低端向中高端升级转型，顺应供给侧结构性改革，引领中国经济发展新常态。

　　国家的竞争力在经济方面主要是依靠企业的竞争力，国家经济的发展离不开企业的发展，当前中国企业的发展受到成本推动和供给抑制的双重作用，使得企业必须由传统向外寻求市场向内提高效率转变，使得每一个员工都成为提高企业效率、促使企业转变发展方式的推动力，通过引导和激励提高员工的绩效，从而最终提升企业的绩效，促使企业可持续发展。如何提高员工的绩效，夯实企业绩效的根基，本书主要从提高员工的能力和动力两个方面来进行：一方面是通过提高报酬的数量和质量以及对报酬的认识来提高员工效率和绩效的动力；另一方面是通过提高员工能力来最终提高员工的效率和绩效。

报酬自古以来都是社会和企业研究的热点，随着报酬理论的发展，我们不仅研究货币报酬和非货币报酬，而且研究外在报酬和内在报酬。整合货币报酬和非货币报酬的总体报酬（total rewards）模型是美国薪酬管理协会 2000 年提出，2006 年完善的，已经被理论派和实践派所认可和接受，因为知识经济时代，员工是企业的关键资源，因此我们引入总体报酬来提升员工的绩效；新生代员工不仅重视外在报酬，而且更重视内在报酬对自己的激励，因此我们引入工作再设计的理论基础，基于工作扩大化和工作丰富化的工作特征理论，通过工作再设计提升工作本身对员工的激励作用。现有的研究从总体报酬和工作特征的部分因子出发，定性或者定量研究对提升员工绩效的积极影响，没有从总体上，更没有把二者结合起来研究内在报酬和外在报酬对绩效提升的积极协同作用，本书把二者结合起来研究它们的积极协同作用。

面对中国传统人口数量红利的逐步消亡，为破除"没有劳动力数量增加就没有经济增长"的谬论，我们借鉴卢卡斯的人力资本理论，结合传统的人力资本理论，通过传统的五种途径和干中学等方式，进行人力资本积累，寻求人力资本质量红利，为中国经济转型和发展，企业的产业升级和调整奠定坚实的人力资本基础。企业的发展要符合中国整体经济发展方式的转变要求，企业员工就需要增加新的人力资本，适应企业和社会发展的需求，才能更好的提升员工的绩效，帮助企业可持续发展。企业要提升员工的工作效率和工作绩效，不仅要提高员工的工作动力，而且要提高员工的工作能力。工作能力的提升既是一项长期工作，又是企业可持续发展的当务之急。因此，企业要认识新常态、适应新常态、甚至引领新常态，必须加强企业和员工的人力资本投资，实现人力资本的积累和人力资本质量和结构的调整，员工也要转变观念，主动进行人力资本投资，适应企业和社会对人力资本的需要。

　　本书从总体报酬和工作的再设计出发，引导员工提升成就动机水平，增加人力资本投资，提升员工的绩效，最终实现企业的可持续发展，引领经济发展新常态。

目　录

第一章 绪论

一、研究背景

中国经济发展进入新常态，不仅表示中国的经济发展速度进行换档，而且要求中国经济发展进行动能转换和产业结构调整。World Bank（世界银行）（2013）认为，中国等新兴经济体依靠人口数量红利实现竞争优势、依靠要素投入实现发展的模式难以为继，因为中国人口数量红利的刘易斯拐点已经出现，人口数量红利窗口进入关闭期，同时传统依靠投资和出口带动经济发展的效应受到抑制，不能维持中国经济的可持续发展。

根据全球竞争力指数（2016）的分析报告，中国现在已经从要素驱动转变为效率驱动，正处于效率驱动向创新驱动的转变过程中。"十三五"规划明确中国经济转型从以速度为基础的增长转换成以质量为基础的增长。如何通过效率驱动实现经济转型和产业升级成为中国政府和企业迫切要解决的问题，厉以宁（2015）认为中国的经济转型包括经济发展方式转型和经济体制转型，一方面是中国政府通过简政放权，让市场发挥资源配置的决定性作用，推动经济体制转型；另一方面是企业通过薪酬设计和工作再设计等组织设计手段和方法，提高员工的积极性、主动性和创造性，提升企业的运营效率，实现企业发展方式转变，追求企业的可持续发展。

国家经济的全球竞争力归根结底要靠企业的竞争力，提高企业的竞争优势，实现企业的可持续发展是提高国家竞争力的基础和依据。中国经济发展进入新常态，正处于经济转型和产业升级的关键时刻，企业应该在政府大力推动简政放权和供给侧结构性改革的趋势下，由传统的靠要素驱动的发展方式向效率驱动、创新驱动的发展方式转变，适应和引领中国经济发展的新常态。

在快速变化和激烈竞争的环境中，企业要提升绩效，获得可持续发展，不仅要发挥企业家的聪明才智，而且更要依靠所有员工的聪明才智、努力工作和辛勤劳动。如何才能更有效地培育员工的工作能力，提高员工的工作积极性、主动性和创造性，提升员工的工作效率和工作绩效？如何帮助企业寻求持续发展机会和获取持续发展的竞争优势？在员工绩效的提升过程当中，会受到哪些关键因素的驱动影响以及这些因素如何产生影响和作用？

首先，报酬是影响员工绩效的一种关键变量。效率工资理论认为，高工资使工人效率更高。效率工资理论认为工人工作的效率与工人的工资有很大的相关性。效率工资指的是企业支付给员工比市场保留工资高得多的工资，促使员工努力工作的一种激励与薪酬制度。阿曼·阿尔钦认为"特定的报酬支付制度依赖于对特定生产率刺激的反应"的因果导向颠倒了，所以说不是由生产率决定报酬，而是由报酬的合理性决定生产率。人力资本理论认为，人力资本投资的多少决定人力资本的价格（报酬），实证研究或理论分析都揭示出人力资本（知识、能力和学习）对绩效具有正向影响（舒尔茨，1960；程德俊、赵曙明，2006）因此，报酬作为人力资本投资的显变量对绩效产生影响。目前，研究报酬与绩效的文献比较多，总体报酬与员工绩效的文献比较少，更没有考虑员工自身特征（认知、人力资本存量、结构）和总体报酬、员工绩效的关系，从深层次角度研究总体报酬和人力资本投资对绩效的影响机理及关系模式。

其次，21世纪是知识经济时代，企业对员工的需求不仅是劳动者数量，更主要是劳动者质量，并且随着80后、90后劳动者逐步进入劳动力市场，大多数员工都受过高等教育，在一定程度上是人力资本的所有者，他们进入劳动力市场不仅是为了获得报酬，更是为了获得自我发展、自我实现。哈佛大学商学院罗伯特·西蒙斯的研究表明：工作设计已经成为实现组织高绩效的最可靠途径，基于工作的再设计理论——工作特征模型认为，工作内容本身对员工具有一种内在的激励效果，因此受到内在激励的员工会有优异的工作业绩，进而具有好的心理感受；而这种好的心理感受会使员工继续保持优秀的业绩水平，于是形成一个良性的循环（Hackman 和 Oldham，1976）。因此，工作特征模型已经成为激励员工发挥主观能动性、提升企业绩效（Hackman 和 Oldham，1975；Idaszak 和 Drasgow，1987）的重要方式之一。基于工作特征的内在激励研究的文献比较多，但是把工作特征的内在激励和总体报酬的外在激励相结合的研究还没有，有待于进一步研究。

再次，为了更好地诠释总体报酬、工作特征与员工绩效之间的作用路径，应该将绩效研究的焦点——学习、知识、能力的综合体——人力资本投资纳入同一研究框架。［虽然人力资本理论被认为是人力资源管理影响企业绩效的重要理论基础（Lepak 和 Snell，1999），但是人力资本在人力资源管理影响企业绩效的过程中的作用机理迄今为止还没有得到深入研究，并且研究结果分歧较大，Youndt 和 Snell（2004）与陈云云、方芳和张一弛（2009）研究分维度人力资本在人力资源管理与员工绩效关系中的中介作用不一致］。因此，人力资本投资（数量和结构）是否在总体报酬、工作特征与员工绩效之间发挥作用，怎样发挥作用还需要进一步的论据支持。

最后，总体报酬、工作特征影响员工绩效的过程受到哪些情景因素的影响？

根据自我决定理论，如何引导员工主动进行人力资本投资和提高绩效，一方面，取决于员工本身的因素，尤其是员工的成长性需求、成就动机等；另一方面，也受到员工所处的工作环境（如工作特征）的影响。成就动机理论的主要学者 Mcclelland（1981）、Atkinson（1998）、

Weiner（2000）都认为，成就动机水平会影响员工的绩效。周兆透（2008）研究表明大学教师的成就动机对其工作绩效具有显著的正向影响。根据Hiam的研究发现15个工作动机中有一两个动机是对每一个员工都非常重要的，成就动机排在第一位，由此可以看出，研究成就动机和工作绩效的关系非常具有现实意义。孙跃和胡蓓、李会青、刘海等学者进一步证明了成就动机调节作用。虽然成就动机对绩效的作用得到证实，但是成就动机作为情景变量，是否调节总体报酬、工作特征与员工绩效之间的关系？这一问题仍未得到揭示。

针对总体报酬、工作特征、人力资本投资、成就动机以及员工绩效研究中的不足，本书综合借鉴现有相关理论，探索总体报酬感知和工作特征对员工绩效的影响机制。本书主要关注三个问题：①从理论上，探讨总体报酬、工作特征对员工绩效的直接影响作用；②重点剖析人力资本投资在总体报酬、工作特征与员工绩效的中介作用机理；③考察成就动机水平的调节效应。

二、研究意义

当前中国经济发展正处在增速换挡、结构调整、动力转换的关键时刻，又适逢前期政策导致的产能过剩等问题的消化期，如何维持企业的生存和发展就变得更加迫切。因此，从总体报酬和工作特征等报酬角度研究激励员工进行人力资本投资，通过提高员工的能力和提升员工的动力，促进企业绩效的提高，推动企业的可持续发展，既有研究的理论意义，又有社会需求的现实意义。

(一)理论意义

1.增加了报酬与员工绩效的研究思路

以往研究虽然发现了报酬、工作特征对绩效有积极作用，但是把总体报酬和绩效结合进行实证研究的比较少，因此迄今为止鲜有把总体报酬和工作特征整合起来研究与绩效的作用，本研究开拓了新的研究思路。

2.弥补了过去单一视角研究的不足

传统上，我们研究总体报酬和工作特征，一种情况是分维度研究，研究各维度对企业绩效的影响；另一种是把各维度整合起来作为一个变量对绩效的影响，鲜有专家学者把两种视角结合起来研究与绩效的关系。

3.探索了报酬通过人力资本投资对员工绩效的作用机制

从经济发展的历程看，人力资本经历一个从无到有（数量论），从外在到内在（质量论）的过程，已经成为技术创新和经济增长的动力和源泉。随着供给侧结构性改革的顺利推进，产业结构调整、升级、转型、优化的速度将加快，对劳动者的人力资本积累水平要求十分迫切，但是无论从受教育年限还是从技能来看，我国的人力资本水平尚不适应产业结构急剧变革的需要，这将成为产业结构调整、发展方式转变和增长动力转向创新驱动的瓶颈因素。"钱学森之问"和任正非之"华为迷航"都揭示了一个国家和企业创新发展的动力来源——社会和市场需要的有创新思想的创新型人才缺失，导致国家和企业的创新能力不足，创新后劲乏力。我们从个体的分维度的人力资本投资实证研究报酬和员工绩效的作用机制，探索获得一致的实证结论。

4.进一步证实成就动机对员工的报酬和绩效的调节作用

前人对成就动机的研究主要是在教育领域研究成就动机对老师、学生的影响，也有学者研究成就动机对员工的风险态度以及兴趣等心理和行为的影响，鲜有对员工绩效进行研究，我们试图从个体的角度研究员工的成就动机水平对报酬与绩效的调节作用，拓展成就动机的研究领域。

（二）现实意义

1.为企业的薪酬管理实践提供理论基础

通过人性假设理念的转换（以社会人的假设看待企业的员工）和劳

动力需求多样化（马斯洛的需求层次理论）的进一步认识，提出通过总报酬模型的框架来指导企业薪酬管理战略，实现吸引、激励和保留人力资源的目的。

2. 指导管理者进行工作设计和再设计

在强调总报酬模型的同时我们引入了海克曼和奥德海姆的工作特征模型刺激员工的内在动机（内在激励、内在报酬）对员工的强化作用，为下一步工作设计提供指导。

3. 引导员工进行人力资本投资

为了实现企业的转型升级，单靠传统的人力资源的供给增加和提高人员努力程度不能满足企业的需求，我们通过总体报酬模型和工作特征模型增强员工进行人力资本投资的意愿，解决劳动力供给质量不足和结构不匹配的局面，寻求新的人口红利，实现经济发展和企业转型的新动力源。

4. 引导企业提高员工成就动机

面对经济结构调整和产业转型升级，为了更有效地推动供给侧结构性改革，实现经济发展动力的转换和新的经济增长点的发掘，我们试图通过增加人力资本投资实现绩效的增加，提高员工的成就动机，从人力资源的数量和质量两个方面增加人力资本供给，提高员工、企业的绩效，实现企业的转型升级。

三、研究的主要内容

为了进一步明晰研究主题和研究目的，拟从以下几个方面分析和研究总体报酬、工作特征、人力资本投资对员工绩效的影响机制。

1. 总体报酬分维度和整体对员工绩效和人力资本投资的影响研究

总体报酬部分要素对绩效和人力资本投资的影响是正面的、积极的已经被证明，但是整体还没有被证明。我们要分析分维度和整体对绩效和人力资本投资的不同维度的影响，如福利对绩效的影响还没有被证明，因此，我们要分维度对绩效和人力资本投资进行实证研究，以确定不同维度的作用机制，验证总体报酬对绩效和人力资本投资的影响，为实践提供指导。

2.工作特征分维度和整体对员工创新绩效和人力资本投资的影响研究

工作特征对员工绩效和人力资本投资的影响，已经在部分领域（如制造业）得到证明，鲜有人研究在不同领域的实证结果如何。工作特征对研发人员的影响已经被大量的专家和学者证明，也有部分学者证明了对高层管理者的影响，对中级层管理者的影响还没有被证明。我们尝试从总体上研究对员工创新绩效和人力资本投资进行实证研究。

3.人力资本投资对总体报酬模型和工作特征模型与员工绩效的中介作用机制研究

总体报酬模型和工作特征模型对绩效的影响已经得到部分证实，但是它们的作用大小以及影响程度是不一样的，而且鲜有人研究它们之间的具体作用机制和影响机理，我们通过引入人力资本投资，研究总体报酬、工作特征对员工绩效的影响路径和作用机制。

4.成就动机强度对总体报酬和工作特征、人力资本投资和绩效的调节作用机制研究

成就动机理论已经被证明能够激励员工获得更好的绩效，但是通过什么样的激励机制来实现的有待进一步验证，我们尝试结合总体报酬和工作特征对员工绩效的作用机制，分析成就动机的激励机制。

四、研究方法

本研究主要采用文献分析法、问卷调研法和统计分析法等对总体报酬、工作特征与员工绩效的关系进行研究。

1.文献分析法

通过回顾有关总体报酬模型、工作特征模型、人力资本投资、成就

动机和绩效的国内外文献，分别确定五个变量的定义、分类及相关变量的维度。通过对这五个核心变量的前因变量与结果变量的文献梳理，构建研究模型并提出相关假设。

2.问卷调研法

根据文献的梳理，结合已有的量表和本研究的实际进行修订，设计本研究的调查问卷，进行山西太原的几家企业的预调研和分析，修订完善问卷。在全国范围内进行便利随机抽样，初步发放问卷2000份。

3.统计分析法

数据处理主要采用SPSS、Liseral、Eviews等统计分析软件进行变量的验证性因子分析、信度效度检验、回归分析。

五、拟实现的创新

1.把总体报酬和工作特征整合为报酬对员工绩效的正向影响

通过确定总体报酬和工作特征对员工创新绩效的影响程度（权重大小），尝试建立报酬认知对员工创新绩效的作用路径。

2.总体报酬和工作特征分维度和整体进行对比分析对绩效的影响

传统的理论模型研究证明了总体报酬模型和工作特征模型的适用范围，我们尝试进行对比分析，确定报酬的两个维度在适用范围的异同点，为进一步的实践提供针对性的指导，有助于下一步的理论丰富和拓展。

3.从微观的个体层面研究人力资本投资对报酬与员工绩效的作用机制

从理论上探讨报酬与绩效的关系，到底是报酬决定了绩效？还是绩效决定了报酬？我们尝试通过引入新的变量——人力资本投资，论证是报酬决定了绩效。

第二章　文献综述

第一节　总体报酬的相关研究

总体报酬的发展经历了 wage、salary、compensation、total compensation、total rewards 的发展历程，其概念也名目繁多，如工资、薪金、薪资、薪酬、全面薪酬、整体薪酬、整体报酬、总体报酬。虽然薪酬和报酬的内涵和外延不一样，但是 2000 年美国薪酬管理协会把薪酬拓展到报酬，本研究就统一用报酬代替传统的工资、薪资、薪金、薪酬的概念，我们在本书中都用总体报酬的概念。

一、总体报酬内涵与发展

前人的研究把员工作为理性的"经济人"，把货币报酬作为提高员工绩效的首要因素，甚至是所有因素，如泰勒的有差别的工资制度。随着人力资本主体地位的回归，薪酬已经不能满足员工多样化的需求，很多专家引入非货币报酬，美国薪酬管理协会在此基础上提出了包括货币报酬和非货币报酬的总体报酬。

（1）1971 年埃德·劳勒提出全面薪酬的概念，将员工薪酬和企业发展紧密联系起来；约翰·特鲁普曼（John E.Tropman）博士于 1990 年在其著作《薪酬方案——如何制定员工激励机制》一书中所描述的以员工需求为导向而建立起来的薪酬组合模式，极好地解决了传统薪酬方案的不足；乔治·米尔科维奇和杰里·纽曼（2002）及拜厄斯（2005）等人的全面薪酬体系确定。

（2）2000年，美国薪酬协会（WAW）拓宽了薪酬的内涵，提出了总体报酬的概念。这一概念将薪酬拓展至"报酬"，延伸到包含企业为工作而回报员工的每一件事物，或者员工在雇佣关系中获得的每一件事物，它创造性地将货币形式的回报纳入框架之中，解决了货币报酬刚性特征对企业的困扰，也适应了员工拥有越来越多样化需求的趋势。

（3）2006年，美国薪酬协会调整了总体报酬结构，使总体报酬的概念丰富为薪酬（compensation）、福利（benefits）、工作与生活平衡（work-life balance）、绩效与认可（performance & recognition）和发展与职业机会（development & career opportunities）五大板块。

从传统的薪酬和福利，到埃德·劳勒等人提出的全面薪酬，发展到薪酬、福利、工作体验以及薪酬、福利、工作与生活平衡、绩效与认可和发展与职业机会五个维度，2006年总体报酬模型系统地考虑了组织战略、人力资源战略和薪酬战略之间的一致性，重新审视了组织与组织中的人的价值，以员工需求为中心，将多种激励方式有机地结合在一起，明确定义了总体报酬是用以吸引、激励和保障员工的各种手段的整合，任何员工认为具有价值的东西都有可能成为总体报酬的组成部分，丰富了内涵，扩展了外延（美国薪酬管理协会，2006；姚先国和方阳春，2005；熊通成等，2008；宋洪峰，2007；于欣，2008）。

二、以员工需求为导向，研究满足员工多样化需求的非货币报酬

根据翰威特咨询公司的调研结果显示，不同员工群体对全面薪酬的需求各不相同；不同层级的员工对全面薪酬的需求也不尽相同。因此，传统的基于企业主导——成本管理导向的薪酬理念不能适应社会、企业、员工的发展，转变为企业和员工共同参与满足员工需求——产出管理导向的理念能真正起到吸引、激励和保留员工的作用。

　　经过几十年的改革发展，货币报酬作为激励的手段是得到一致认可的，虽然有部分专家认为货币报酬的激励效力已经很低，但不能排除它还是一个非常重要的激励因素。国内的众多学者开始分析和研究非货币报酬（非经济型薪酬）在中国应用，因此我们在满足员工货币报酬的同时，要注重员工福利的满足、绩效与认可的满足、尊重和自我实现的满足等全面薪酬方案的优化——总体报酬。

　　（1）从员工需求出发，重视员工的价值，尊重员工，从考虑员工单一需求维度的满足到设计、优化全面薪酬方案，不仅满足员工低层次的对薪酬福利的需求，而且满足员工对认可、尊重和自我实现的需求，与拜尔斯的研究一致。

　　（2）从货币报酬向非货币报酬延伸，拓展了报酬的范围。黄顺春、余丽萍（2007）认为作为企业薪酬的重要组成部分，较之货币性薪酬，非货币性薪酬具有许多特点。加强对这些特点的研究和认识，有助于管理者提高运用薪酬的能力和艺术。岳颖（2005）和许多薪酬专家一样，把"薪酬"的概念扩展至所有的奖励机会，对没有起激励作用的占薪酬收入30%还要多的福利项目进行发展，衍生出非货币薪酬形式；朱飞、文跃然、谢安（2015）认为认知评价理论解释了货币报酬激励的局限性，使企业看到非货币认可在人力资源管理活动中的巨大潜力；同时强化理论和动机需求理论的诞生也为非货币员工认可提供了理论基础。

　　（3）由重视货币报酬向重视非货币报酬转变，逐步加大非货币报酬的研究和设计，更有助于吸引、保留和激励员工更好地工作。戴友夫（1994）研究认为高校对教师进行精神激励有助于提高教师的工作积极性。谷佩云（2008）认为非货币性外部薪酬这种多元化的构成，能够很好地满足职工多方面的需要，凝聚人心，能为企业带来更大的效益；成琼文、曹兴（2009）认为目前越来越多的学者把经济性薪酬视为"低价"的激励因素，转而重视非经济性薪酬的激励作用对高校引进教师行为的影响；崔维军、王丽娜、陈凤（2015）强调要加强非经济性薪酬激励，提高科技人员的工作认同感。

（4）优化设计货币报酬和非货币报酬（经济型报酬和非经济型报酬），发挥两种报酬的协同效应，促进员工的积极性和工作绩效的提高，帮助企业提升竞争力。姚先国、方阳春（2005）认为薪酬作为员工报酬的一种形式，与其他非货币形式的报酬（如对员工成绩的认可、员工的职业发展等）联合才能发挥更大的激励作用；孙健、韩峰（2007），郭和平（2007）及顾英伟、张志强（2007）认为全面薪酬体系将经济性和非经济性薪酬有机结合，充分发挥了薪酬的整体作用，极大地提高了员工的满意度和工作积极性，增强企业在行业中的竞争力。

从员工需求导向的薪酬理念引出满足员工多样化需求的非货币报酬，从货币报酬延伸到货币报酬和非货币报酬优化组合，使得我们发现总体报酬成为我们研究的主题。例如，薛琴（2007）认为为了解决传统薪酬模式"激励不到、激励不足"的弊端，传统、相对简单的以工资和福利为组合的现金付酬体系等已不能满足企业吸引专业型技术人才的需要，很多企业开始探索一种薪酬管理的新思路——总体报酬。姚先国、方阳春（2005）研究认为必须引进整体报酬（总体报酬）概念（包括货币和非货币的报酬）。

总体报酬在中国引入不仅具有必要性，而且具有可行性，因此，总体报酬成为我们研究的主要自变量之一。例如，张再生、宁甜甜、王鑫（2014）的研究结果表明，总体报酬模型能够较好地适应中国的情景；文跃然、周欢（2015）认为中国企业薪酬管理的实践中普遍存在着只重视货币报酬，不重视非货币报酬的状况，在中国当前薪酬成本高企、连年增长的情况下，能否及时从货币报酬思维向总体报酬的思维转变，将决定企业吸纳、保留、激励员工的核心竞争力的大小，因此，总体报酬在中国尤为可行。

三、报酬的分类

国内外对于薪酬研究主要可以分为两大类：内在薪酬和外在薪酬（内部报酬和外部报酬），也有的分为经济型薪酬和非经济型薪酬（货币性报酬和非货币性报酬），但是国内学者对内在报酬的划分不一致，重视程度不一致，因此我们在此研究内部报酬和外部薪酬对企业绩效的影响。

（1）国外学者埃德·劳勒于1971年提出全面薪酬的概念，全面薪酬主要包括：外在薪酬和内在薪酬，将员工薪酬和企业发展紧密联系起来，与1990年约翰·特鲁普曼（John E.Tropman）和拜尼斯的分类是一致的。

（2）内外部报酬划分的不一致。例如，洪健、林芳（2007）根据需求层次理论，把生理和安全需求层次的报酬归为外部报酬，把社交、认可和自我实现的需求层次的报酬归为内部报酬。冉棋文、王胜华、吴明星和郭和平认为外在的薪酬主要指为员工提供的可量化的货币性价值，内在的薪酬则指那些给员工提供的不能以量化的货币形式表现的各种奖励价值。薛琴（2007）认为企业为员工提供的全面薪酬主要包括两部分：外在薪酬和内在薪酬。外部薪酬是员工为组织工作所获得的外部收益，包括经济性薪酬和非经济性薪酬。内在薪酬对员工而言是内在的心理收益，主要表现为社会和心理方面的回报。根据工作特征理论，工作本身就是工作报酬（内在报酬）；李焕荣和周建涛（2008）认为对于知识型员工，薪酬具有两方面的意义，一方面是传统意义上的报酬，包括工资、福利等外部报酬；另一方面是工作能带给知识型员工的内在报酬，包括满足感与成长的机会等工作本身所带来的报酬。

（3）内在报酬和外在报酬的重视程度不一致。例如，谷佩云（2008），张东（2009）以及所静、李祥飞、张再生等（2013）都认为在外在薪酬达到一定水平的情况下，内在薪酬所能发挥的作用将更大，在设计薪酬方案时应该注重增加内在薪酬的比重。

（4）内外部报酬有机组合，发挥更大的激励作用。不管内外部报酬怎么划分，重视程度一致与否，都强调内外部报酬有机组合。例如，李芳（2005）、蒋胜永（2008）以及李海红、刘永安（2010）都提出构建全面薪酬体系，使内外报酬可以形成一个统一的体系，极好地解决了传统薪酬方案的不足，对员工起到了很好的激励作用。

无论内外部报酬怎么划分，还是重视程度是否一致，我们应该把两种报酬结合起来才能发挥最大的激励效应。内在报酬包括两种，一种是工作本身（薛琴，2007；谷佩云、李焕荣和周建涛，2008），另一种是包括工作本身、工作体验、工作环境等。基于总体报酬和工作特征的研究，总体报酬包括了工作体验等要素，因此我们把外部报酬界定为总体报酬，内部报酬界定为工作本身即工作特征，作为我们研究的第二个关键变量。

第二节　工作特征相关研究

亚当·斯密的劳动分工论和泰罗的科学管理原理，使得工作设计促使企业效率的提高和社会财富的增加，经过几十年的发展，传统的工作和岗位的设计方式、方法使得工作划分过细，权责划分过细导致劳动者成为机器的附属物，劳资冲突增加、矛盾加剧，不能有效发挥员工的工作积极性、主动性和创造性。

一、工作特征模型内涵

20世纪60年代出现的参与式管理、自主管理等思想以及后来的业务再造和流程再造使得工作再设计成为专家、学者和企业都比较关注的热点，伴随着赫兹伯格的双因素理论（通过重新设计工作创造出激励因素）的出现，涌现出一批进行工作设计的专家和学者。目前大多数学者所采用的是 Hackman 和 Oldham（1975）提出的工作特征模型（Theory of Job Characteristics Model，JCM），即工作特征是包含技能多样性、工作完整性、工作重要性、工作自主性以及工作反馈性这五大核心维度工作属性的集合。广泛意义上，凡是与工作有关的客观属性或因素都可以被视为工作特征。

工作特征模型（Hackman 和 Oldham，1974）是工作设计与再设计的重要理论基础。根据工作特征模型，任何工作的内容都隐含着5种核心特征：技能多样性、任务整体性、任务重要性、工作自主性和反馈。该模型认为工作内容本身对员工具有一种内在的激励效果，因此受到内在激励的员工会有优异的工作业绩，进而具有好的心理感受；而这种好的心理感受会使员工继续保持优秀的业绩水平，于是形成一个良性的循环（Hackman 和 Oldham，1976）。它认为工作特征将影响员工在工作中的心理状态进而影响到员工的工作动力、工作绩效、工作满意度和缺勤与离职的水平（Hackman 和 Oldham，1975；Idaszak 和 Drasgow，1987）。

二、工作特征的多维视角研究

虽然国内外的专家学者对工作特征的重要性和适应性已经认可，但是不同学者对工作特征的理解角度不同。

（1）从心理学的角度理解工作特征是内在动机。例如，Hackman 和 Oldham（1980）认为，员工的内在工作动机取决于工作任务本身的特性，恰当的工作设计能够增强员工的内在工作动机。JCM 认为，五个核心工作特性能够使员工体验到三种心理状态——对工作意义的体验、对工作结果责任的体验以及对工作活动实际结果的认知，从而直接影响员工的内在工作动机、绩效、工作满意度和离职率。韩树杰（2015）认为出于内在动机的员工更看重工作和行为本身，关注于工作的成就感、价值感和挑战性。

（2）从组织行为学角度理解工作特征是内在激励因子。例如，李平

（2004）比较赞同运用综合的激励手段来提高激励水平。薛俊峰（2009）认为工作对员工所产生的影响主要体现在职位本身对员工是否有吸引力，员工是否感觉工作起来很有乐趣和成就感。在这方面，企业可以根据激励性的工作特征模型来进行工作扩大化、工作丰富化、职位轮换等各方面的设计和再设计，从而增强员工在工作中的积极感受；李海红、刘永安（2010）认为传统激励研发人员的手段过于单一，往往看重物质的重要性，缺乏合理的工作设计，无法从工作角度让员工感到满意，更不用说激励员工，对拥有较高的素质、看重工作本身的激励性、希望能独立自主安排工作、喜欢承担有挑战性任务的研发人员工作的内在激励重要性缺乏重视。

（3）从管理学角度理解工作特征是内在报酬。例如，薛琴（2007）认为外在薪酬与内在薪酬具有各自不同的激励功能。它们相互联系，互为补充，构成完整的全面薪酬体系。内在薪酬对员工而言是内在的心理收益，主要表现为社会和心理方面的回报。根据工作特征理论，工作本身就是工作报酬。员工在工作特性、工作意义、工作多样性、工作决定权和反馈都得到满足时，心理状态就会得到改善，从而对组织承诺增强，它能够长时间给员工带来激励和工作满足感。李焕荣、周建涛（2008）认为对于知识型员工，薪酬具有两方面的意义，一方面是传统意义上的报酬，包括工资、福利等外部报酬；另一方面是工作能带给知识型员工的内在报酬，包括满足感与成长的机会等工作本身所带来的报酬。

借助于隋杨、陈云云和王辉（2012）对创新氛围理解的两种观点，一种是将组织创新氛围看作是组织中与创新相关联的客观的工作环境特征，另一种则认为组织创新氛围是个体主观感知到的与组织创新相关的工作环境，代表了员工对组织环境中创新元素的主观认知和知觉体验。本研究采纳第二种观点，认为影响员工个体创新绩效的是对组织的总体报酬和工作特征的主观感知，而非客观的组织特征。

综上所述，我们从心理学、组织行为学和管理学三个角度理解工作特征都是基于内在的心理因素对员工进行刺激，是一个个体层面变量，个体对工作特征的认知影响个体的行为，产生个体的创新绩效。因此我们的中介变量选择的是一个个体的行为变量，并且有助于个体的创新绩效，引出人力资本投资的中介变量，与陈云云、张一弛（2009）的研究一致。

第三节 人力资本投资的相关研究

一、人力资本与人力资本投资

美国经济学家西奥多·舒尔茨于20世纪50年代提出人力投资是经济迅速增长的主要原因，并认为人的素质的改善（经由正规教育、成人教育、在职培训、健康及营养的增进）是促进国民经济增长的主要原因，进而创立了人力资本理论。"人力资本"一词最早是由他在1960年提出。其后，罗默、卢卡斯等发展了该理论，并提出了"干中学"也可提高人力资本。

人力资本是指凝结在人身上的知识、技术、能力和健康的综合，人力资本投资主要包括教育、培训、保健及劳动者迁移的投资（Schultz，1960）。积累的技能实际上就是通常使用的人力资本的定义（明塞尔，2001）。

人力资本是物质资本以外的高级生产要素（Schultz，1960；Becker，1962），具有报酬递增的属性，是生产函数的重要解释变量和创造性破坏的主体。内生增长理论认为人力资本是一国经济增长的重要引擎，而人力资本积累推动技术进步的过程主要通过"干中学"机制实现（Lucas，1988）。

人力资本投资的定义是加里·贝克尔在《人力资本》一书中提出

的，他认为所有的用于增加人的资源并影响其未来货币收入和消费的投资为人力资本投资。

对于人力资本在开放经济条件下作用机制的研究，Nelson 和 Phelps（1966）认为人力资本对经济增长和技术进步的作用机制往往是间接的，即通过影响技术追赶和技术扩散程度来促进经济增长，一国吸收和采用先进技术的能力取决于该国的人力资本存量。

赖德胜、纪雯雯（2015）认为经济长远增长率的决定性因素是人力资本，赖德胜（2011）认为创新迸发是人力资本积累和人力资本配置联合作用的结果。人力资本具有外部性（Lucas，1988）和报酬递增的特性，起内生性主导作用，人力资本通过直接技术创新和间接影响技术的消化吸收两种机制影响经济增长。

从中国当前流动劳动力人力资本提高的方式来看，劳动力主要是通过再培训或"干中学"的方式提高其人力资本存量。

（1）中国人力资本总量不足。中国长期以来的经济政策——重物质资本、轻人力资本政策，资方主导劳动力市场使得长期以来的薪资政策没有对受过高等教育的劳动者进行偏移，使得受过高等教育的劳动者没有得到相应的薪资回报，导致个人缺乏进行自身人力资本投资的动机（Hechman，2003）。

完善的市场经济体制——完全竞争的劳动力市场使得企业没有动力去投资通用人力资本，专业人力资本投资也会让员工承担一定的成本，结合传统的资方主导下的薪酬政策使得劳动者没有动力进行人力资本投资，从而导致人力资本积累缓慢，人力资本总量不足，郭竞（2013）认为 R&D 人力资本的缺乏抑制了企业 R&D 产出的能力，建议政府应该不断提高人力资本投资回报率，以此鼓励个人进行自我投资，提高中国人力资本存量。

（2）人力资本结构不匹配。当前人力资本总量不足，人力资本结构也难以适应经济发展的需要，根据 Chow（2003）的测算结果，20 世纪

90年代初期中国教育投资回报率为4%，而物质资本投资回报率为20%，说明中国的人力资本与物质资本非均衡，钱学森之问反映了人力资本结构中基础研究和应用研究的非均衡，僵化的学科专业设置和动态的市场需求使得人力资本供给结构与市场需求结构不一致，导致国家经济转型产业升级遇到阻碍。姚先国教授提出提高职业教育和蔡昉教授提出的提高教育质量都是从加大人力资本存量和优化人力资本结构提高人力资本的投资。

二、人力资本的分类研究

根据刘铁明、袁建昌（2008）和国内外专家对人力资本的分类研究，我们归纳出比较典型的三种分类：一种分类是人力资本普通类（周其仁、张文贤等）和人力资本特殊类（魏杰等）；一种分类是根据知识、技能和能力分为一般的人力资本、技术人力资本、管理人力资本、企业家人力资本（高闯等，2001）；一种分类是根据排他性分为专用性人力资本和通用性人力资本（Becker，1975；张一弛，2009）

如果是对现有人力资本存量的研究，我们可以依据知识技能的分类，但是我们是研究人力资本投资，并且企业在进行人力资本投资时，根据是否企业专用（排他性）把人力资本投资分为专用性人力资本投资和通用性人力资本投资（Becker，1975），结合企业人力资本投资的分类研究员工个体的人力资本投资，选用专用人力资本和通用人力资本的分类（陈云云、方芳、张一弛，2009）。

陆晗（2011）认为意愿原本是一个心理学名词，是指一组启动个体行动，并支持个体向着目标，沿着既定的路径持续前进的自我信息系统。由此可见，学者把意愿界定为一种信念和认知。投资意愿是指个人对自己投资的意向性选择。因此，综合学界和本研究的内容，本书将人力资本投资定义为：人们对参与人力资本投资这一行为所持有的整体看法和态度。我们采用陆晗的人力资本投资的概念，使得人力资本投资与创新关系的研究就变为个体的专用人力资本投资意愿和通用人力资本投资与个体的创新绩效的关系研究。

基于国内外专家对人力资本投资的研究多是宏观的研究，微观的研究较少；微观研究中企业层面研究的较多，个体层面更少；人力资本作为整体研究的比较多，分维度研究非常少；我们研究微观员工分维度人力资本投资对报酬认知和员工创新绩效的影响机制。

三、人力资本投资中介作用

企业采用高绩效人力资源管理激发员工投资于企业专用的人力资本的意愿将对员工绩效进而企业绩效的提高产生促进作用。

在企业层次上，已有研究发现人力资本是高绩效人力资源管理系统和公司绩效之间的中介变量（Becker，Huselid，Pinkus 和 Spratt，1997；Youndt 和 Snell，2004），国内的学者也有研究，李萍、谌新民和谢斌（2014）认为劳动合同期限一般是通过影响人力资本投资和激励员工行为两途径影响工资水平的，这种效应在制造业中、在中低层收入者中表现更为明显；刘丹丹、罗润东（2014）认为经济转型期劳资矛盾显现，社会保障作为重要的制度安排通过影响人力资本投资及劳动力市场发挥对劳资关系的间接效应；王朝晖、佘国强（2016）实证研究表明：战略人力资本和组织创新氛围在高绩效工作系统和探索式创新之间起中介作用，两个变量的同步中介效应在高绩效工作系统和探索式创新之间发挥了完全中介效应。

虽然人力资本理论被认为是人力资源管理影响企业绩效的重要理论基础（Lepak 和 Snell，1999），但是人力资本在人力资源管理影响企业绩效的过程中的作用机理迄今为止还没有得到深入的研究，并且研究结果分歧较大，Youndt 和 Snell（2004）检验了人力资本在人力资源管理影响组织绩效过程中的中介作用，他们发现人力资本在人力资源管理影响企业绩效的过程中具有部分的而不是完全的中介作用，并指出人力资本具有多种维度，建议以后的研究应该分析人力资本的不同维度在人力资源管理影响绩效过程中的不同作用；陈云云、方芳和张一弛（2009）研究运用战略人力资源管理理论和人力资本理论，探讨了员工的人力资本投资在高绩效人力资源管理与员工绩效关系中的作用。理论分析提出了专用性的人力资本投资在员工感知的高绩效人力资源政策水平和员工绩效之间的中介关系以及通用性人力资本投资对员工感知的高绩效人力资源政策水平和员工绩效之间的调节作用。实证研究结果支持了专用性人力资本投资的中介作用。

前人的研究大多数是从社会层面、企业层面研究人力资本投资，鲜有从员工个体角度、对人力资本投资分维度研究，并且研究没有细化到创新性绩效的研究，本研究结合经济转型、产业升级，从为供给侧结构性改革和"中国制造2025"提供创新型人才、激发创新行为和提高创新绩效角度探讨人力资本投资在报酬认知和创新绩效之间的作用机制。

第四节　成就动机相关研究

一、成就动机的内涵

在心理学上，动机指发动、指引、维持躯体和心理活动的内部过程。

成就动机是一种社会性动机，它意味着人们希望从事有意义的活动，并在活动中取得完满的结果。它具有多维度、多成分的心理结构。

成就动机是人类的一种社会动机，指人们努力追求卓越以期达成更高目标的内在动力和心理倾向。

成就动机是一个人对于自己认为重要的有价值的工作乐意去做并力求达到成功的内在动力，其主要内涵是行为的目的性、主动性和坚持性。

成就动机作为一种主要的社会动机，是推动个人在达成目标的过程中所产生的一种内部推力，它影响着员工的潜能和努力程度，因而它必将直接或者间接影响创新绩效。

综上所述，我们采用成就动机作为内部推力，影响员工的潜能和努力程度。

二、成就动机理论

Mcclelland（1981）认为，成就动机就是"竞争"和"优秀标准"，高成就动机的人倾向于为他们自己确立的高目标或优秀标准而努力。

Atkinson（1998）认为，成就动机其实包含追求成功和避免失败这两种动机，它们在强度上可能是不一样的，一个人不可能不考虑失败的后果去追求成功。因此个人的最终行为要取决于他对这两种动机的综合。如果一个人追求成功的动机高于避免失败的动机，那么这个人便将努力去追求特定的目标。如果一个人避免失败的动机强于追求成功的动机，那么这个人就有可能选择减少失败机会的目标。

Weiner（2001）则从认知的观点来研究成就动机，提出了成就动机的归因理论。Weiner 发现成就动机水平不同的人会把事情的成败归结于不同的原因，而归因决定了下一步的行为。

（1）Mcclelland 发现成就动机的高低影响到人们对职业的选择。成就动机低的人愿意选择风险较小、独立决策较少的职业；而成就动机高的人，喜欢担任富有开创性和挑战性的工作，并在工作中敢于自己做出决策。

（2）Atkinosn 的成就动机理论研究发现高成就动机个体，偏好中等难度的任务；低成就动机的个体，则偏好极端难度（特别困难或者特别容易）的任务。在该理论模型中，个体的冒险偏好是稳定的，不随时间发生变化。Thomas，JNicholas 等人都验证了高成就动机者对中等难度任务的偏好。但是，Atkinosn，Cooper 和 Hamilton 都指出，长期以来该模型的实证支持比较少，尤其是低成就动机的个体，在实验中很少表现出对极端难度的偏好。

Atkinson 的成就动机理论认为动机水平依赖于一个人对目的的评价以及达到目的的可能性估计。成就动机涉及两种不同情感间的冲突，其强度等于追求成功倾向的强度减去避免失败倾向的强度。Atkinson 等人在讨论成就动机时还纳入个体认知因素、期望与风险偏好的观点，这与期望理论的出现有关。

孙跃、胡蓓（2009）研究已经证实：个体成就动机的高低对个体作业绩效、行为方式、责任意识以及对合作者的知觉等都有直接影响。

三、成就动机研究

成就动机的研究在教育领域比较多，在管理学领域比较少，学者研究成就动机主要是研究成就动机对员工心理和行为的影响，鲜有研究成就动机对员工个体创新绩效的影响。

（1）成就动机在教育领域对教师、学生的工作和学习有正向影响。周兆透（2008）研究表明大学教师的成就动机对其工作绩效具有显著的正向影响，但是这种影响并不完全是直接的，教师的工作满意和工作投入在其间起到部分中介效应的作用，是重要的中介变量。

（2）成就动机与风险的关系研究进一步验证了 Atkinson 的成就动机理论。谢晓非、周俊哲、王丽（2004）研究发现，在动态情境的初期，可以看到不同成就动机的样本有稳定的偏好：成就动机高的个体偏爱中等难度的任务，成就动机低的个体偏爱较易或者是较难难度的任务。随着行为的动态进行，个体的冒险行为呈现出与静态情境中不同的规律性：成就动机高的个体在初期选择的中等难度的基础上逐渐选择更难的任务；成就动机低的个体在初期选择较易难度任务的基础上也逐渐选择更难的任务；相对于成就动机低的个体，成就动机高的个体会更慢地选择难度高的任务；高成就动机个体出现非典型转换次数显著低于低成就动机的个体。

（3）成就动机的调节作用。孙跃、胡蓓（2009）研究个体成就动机对员工离职意愿的解释能力，进而验证了追求成功动机与避免失败动机在员工离职意愿决定过程中的调节效应。刘海等（2012）的对比结果显示随着成就动机水平的下降，大多数典型预测人格特质对相应职业价值观因子回归方程的测定系数大小和显著性都有所下降，这表明成就动机对人格特质与职业价值观的关系具有明显的调节效应。李会青（2012）通过问卷方法探讨了独立学院大学生的时间管理倾向、成就动机与心理健康问题的关系。调节变量的分析结果显示时间效能与时间监控和心理健康状况的关系都受到了成就动机的调节。研究结果显示独立学院大学生的成就动机以回避失败动机为主。赵兰兰、汪玲、鲁蕊（2005）研究表明，目标定向对兴趣的影响受成就动机的调节，成就动机高的个体采用成绩定向会导致更高的兴趣，而成就动机低的个体采用掌握定向会获得更高的兴趣。

综上所述的研究，中国的学者谢晓非，周俊哲、王丽（2004）和禹钰（2010）研究成就动机与工作难度的选择、风险偏好的选择进一步验证了Atkinson的成就动机理论。关于成就动机调节作用的研究，孙跃和胡蓓、李会青、刘海等学者都使用了Atkinson成就动机的两分法和相应问卷。因此我们采用Atkinson的成就动机理论和成就动机问卷。

第五节　总体报酬与绩效的关系研究

阿曼·阿尔钦认为特定的报酬支付制度依赖于对特定生产率刺激的反应，其因果导向颠倒了。所以说不是由生产率决定报酬，而是由报酬的合理性决定生产率。

一、薪酬和福利对绩效的影响

薪酬对员工绩效的提高已经得到众多学者的一致认可，我们探讨福利对绩效的影响。任晓红（2015）弹性福利计划作为企业全面薪酬战略的有机组成部分，具有保障员工权益、激励员工热情、提高员工满意度和降低企业福利成本的功能。因此，引入弹性福利计划，对改革我国企业福利制度，保持企业的活力，提升企业的创造力、凝聚力与竞争力，具有十分重要的意义。

二、工作生活平衡对工作绩效具有显著的正向影响

饶惠霞（2013）研究结果表明：研发人员的工作生活质量（QWL）的三个维度（工作任务、组织环境和社会与心理）分别与工作绩效的两个维度（任务绩效和周边绩效）呈显著正相关。研发人员的 QWL 与其创新绩效的正相关关系最终得到全面验证。

三、绩效和认可对绩效具有显著的正向影响

文跃然、周欢（2015）认为全面而又丰富的薪酬体系对企业与员工都能产生积极作用：促进员工承诺，提高员工满意度；提升组织绩效、帮助企业达成目标；文跃然、周海涛和吴俊崎（2015）认为一个良好的认可激励制度，能够营造一个鼓励员工最大化发挥自己潜能的企业文化环境，让员工的思维从计算奖金合不合算转变为如何才能做到最好，让员工创造出人意料的卓越绩效。

四、个人发展和职业机会对绩效具有显著的正向影响

秦晓蕾等（2007）以上海、江苏和广东的 122 家制造业企业为样本，研究发现，企业创新战略和员工培训与企业绩效均呈显著的正相关性；何会涛和彭纪生（2008）的研究认为，人力资源管理实践通过行为

导向影响知识共享和组织学习方式，通过能力导向影响组织学习能力，并最终对创新绩效产生作用；赵文红、周密（2012）研究结果显示，研发团队的内部机会、培训与发展、决策参与这3项人力资源管理实践能够显著提升研发团队成员的组织支持感知，进而使其对组织产生感情承诺，影响企业的创新绩效；任华亮（2016）从价值观的新视角探讨员工创新绩效的产生机制，研究结果表明，能力与成长工作价值观对创新绩效具有显著的正向影响。

五、报酬满意度对绩效的正向影响

国外众多学者的研究表明，薪酬满意感是工作积极性和工作绩效的重要影响因素（Scott和Bruce，1994），员工对薪酬的不满意感会对工作绩效产生影响，进而导致员工出现缺勤、怠工甚至离职行为（Lawyer，1971）；国内的学者研究是一致的。例如，张廷君、张再生（2012）现有研究理论提出全面薪酬满意度对员工的态度忠诚度、行为忠诚度都有显著正向影响。有利的经济薪酬是能否留住人才的关键因素，能否激发科研员工对组织的情感承诺与认同感还有赖于非经济薪酬的投入，全面薪酬满意度可作为科研员工态度忠诚度的预测因素；崔维军、王丽娜和陈凤（2015）基于江苏省8034份调查数据，在分析科技人员薪酬满意度的基础上，运用结构方程模型对科技人员薪酬激励路径进行了研究，研究表明科技人员的薪酬水平，公平感知与工作感受对薪酬满意度均有显著影响，其中公平感知影响最大，此外科技人员薪酬水平对其公平感知及工作感受也都有显著的正向影响。

六、总体报酬模型对企业绩效具有显著正向影响

洪健、林芳（2007）认为全面薪酬的目的就是要针对员工的需求，提供全面薪酬来满足员工的多方面需要，达到激励员工的目的，增加了企业的竞争能力，提高了企业绩效；于欣（2008）总体报酬计划并非适

用于所有的企业，只有以员工需求为导向，与企业战略和人力资源战略相一致的总体报酬计划才可能是有效的，才会提高企业的绩效，为企业获得竞争优势；郭卫东（2010）阐释了总体报酬模型有效激励员工、促进组织绩效的机理，即通过吸引、保留和激励员工，充分满足员工多样化、差异化的价值需求，以激发员工的满意感和敬业感，从而为完成组织目标贡献更多的时间、精力、努力和结果；刘爱军、王锐（2010）总体报酬由薪酬、福利、平衡工作与生活、绩效与认可和个人发展与职业机会五大模块组成，它们共同起到对员工的吸引、激励和保留作用，提高员工的工作满意感和组织承诺，最终实现组织的工作绩效和长期雇佣；而组织工作绩效的实现和长期雇佣又反过来进一步提升员工的工作满意感和组织承诺。

通过总体模型的分维度实证研究发现，总体报酬模型中的薪酬、绩效与认可、发展和职业机会都能正向影响创新绩效，福利和工作与生活平衡影响企业的绩效。研究总体报酬与绩效的实证比较少，结合报酬满意度与绩效的正向影响，本书将从总体报酬分维度和整体研究与绩效的关系，以及影响绩效的运作机制研究。

第六节　总体报酬与人力资本投资的关系研究

总体报酬的五个维度与人力资本投资之间的关系并不完全一致，我们主要分维度进行分析与人力资本关系。

一、薪酬对人力资本投资的正向影响

我们前面提到单靠薪酬（货币报酬）已经不能满足员工多样化的需求，我们引入了非货币报酬，甚至有的学者认为经济型薪酬的效用已经很低，要加大非经济性报酬的比重，这里加大非经济性报酬不是要减少经济型薪酬，反而总体报酬是高固定薪酬，因为只有员工在经济型薪酬

有保障的情况下，企业才会利用非货币报酬提高员工的激励作用。

薪酬会显著影响人力资本投资的意愿，促使员工进行人力资本投入，提升自己的人力资本。易金务、胡磊（2005）认为要激励人力资本要素所有者的投资积极性，充分发挥人力资本对经济增长和经济发展的重要作用，应在正确认识人力资本产权特征的基础上，建立人力资本报酬机制，激励人们进行更多的人力资本投入，激励劳动者进行更有效的劳动，激励技术人员进行技术创新活动，激励经营者成为企业家；陈迅、张艳云（2008）研究结果表明，农村居民收入与人力资本投资具有单向的 Granger 因果关系，农村居民收入对人力资本投资具有显著的正影响；范如国、李星（2011）实证分析结果显示，农民工的各人力资本因素（包括劳动力文化程度、技能状况、健康状况、就业培训状况、劳动工作持续时间）与其家庭年均劳动报酬收入均存在显著的相关性，家庭年均劳动报酬收入的增加会促使农民工家庭加大对子女教育的年投入和劳动力医疗年支出；尤琳（2012）认为理性的企业员工自然会为了获得更高收入而自愿选择付出努力投资于专用性人力资本；吴良平、曾国华和余来文（2014）研究结论表明，当前我国应提高劳动者报酬，以人才集聚和人力资本投资加大提升地区创新能力，以创新驱动发展战略来加快完善社会主义市场经济体制和转变经济发展方式；姚瑶、赵英军（2015）认为建立工资报酬差别机制，有利于激发员工人力资本投资热情。

二、绩效与认可对人力资本投资的正向影响

在企业与员工之间实行基于组织导向的长期的交换关系中，员工的组织承诺水平高（Tsui 等，1997），出于员工与企业之间互惠的需要，员工将有动力投资于企业专用的人力资本，因为员工这种企业专用的人力资本投资带来的利益将在企业与员工之间分享（Becker，1962）。

三、个人发展与职业机会对人力资本投资正向影响

海克曼和奥德海姆认为高成长性需求会调节工作特征和创新绩效之间的关系，个人为了实现自己的发展和职业的晋升会增加人力资本投资。赵泉（2000）认为企业家才能是市场领域里具有代表性的人力资本，它的形成是由于学习与训练等人力投资的结果，为这种人力资本支付合理的价格是促使企业家足额支付其人力资本和进行新的人力投资最基本的激励；骆品亮、司春林（2001）基于产出的报酬契约不能诱导代理人对专用性人力资本的投资，职位提升机制能在一定程度上激励代理人的投资；晁彬云（2006）认为高技能劳动供给的增加，会伴随着相对工资即技能报酬溢价而变动，个人可根据技能报酬溢价的变动做出人力资本投资决策；陈维涛、王永进和毛劲松（2014）研究表明，出口技术复杂度的提升不仅有利于中国城镇和农村劳动者人力资本投资的增加，还有利于中国农村劳动者人力资本投资的增加。其研究还表明，随着出口技术复杂度的提升，对于从事高技能职业的劳动者而言，其均比其他劳动者更倾向于对自身及其子女进行人力资本投资。如果劳动者进行人力资本投资的净收益越大，则其越倾向于进行人力资本投资。

通过国内外专家和学者的研究结果分析，总体报酬模型中的薪酬、绩效与认可和个人发展与职业机会都正向影响人力资本投资，福利和工作与生活平衡与人力资本的关系很少有人研究，结合总体报酬与创新绩效的研究，我们也是从分维度和整体研究总体报酬与人力资本投资的关系研究，引入成就动机研究它们之间的关系的变化。

第七节　工作特征与创新绩效研究

工作特征对创新绩效有显著的正向影响作用，我们从以下五个方面进行分析。

一、工作特征分维度正向影响员工的绩效

Tyagi（1985）通过实证研究指出，如果将销售人员的工作根据工作特征模型的五大维度进行再设计，可以显著提高销售人员的工作绩效；Oldham 和 Kulik（1986）的研究发现，资料处理人员工作特征的五个核心维度能显著正向预测其工作绩效；李林、张煜茵和王垒（2004）分析表明各工作特征与员工对工作满意度和工作激励潜力的评价显著相关，并且本研究建立的问卷可以有效区分知识型工作与传统工作在不同工作特征上水平的差异；王忠、熊立国和郭欢（2014）认为，工作特征各维度均对个人创新绩效发挥显著正向影响，工作特征中的技能多样性、工作自主性分别对员工创造力人格与个人创新绩效之间的关系发挥显著的正向调节作用。

二、工作特征分维度差异化影响员工的绩效

张一弛、刘鹏和尹劲桦（2005）研究的结果是工作特征的核心维度对员工的工作满意度、组织承诺和离职倾向等个人与工作结果确实具有广泛的积极影响。具体而言，任务整体性、任务重要性和工作自主性三个核心维度对工作满意度具有显著的积极作用；任务整体性、任务重要性、工作自主性和反馈四个核心维度对组织承诺具有显著的积极作用；工作特征的五个核心维度对离职倾向均具有积极的作用。这说明工作特征模型的基本主张对我国企业同样具有指导意义。

三、工作特征中的任务重要性影响员工的绩效

刘宏英、苏郁锋和吴能全（2015）认为员工对任务重要性（task significance）的认知是员工就其工作对他人产生正面影响的一种判断，它影响员工的行为、态度和绩效。任务重要性体现的是一种角色内的贡献。具体地，任务重要性通过工作经历的意义（meaningfulness）和责任

感（sense of responsibility）等 关 键 心 理 状 态（critical psychological states）影响工作绩效。

四、工作特征中的工作自主性对绩效的影响

胡进梅、沈勇（2014）以238名企业研发人员为研究对象，考察了工作自主性对其创新绩效的影响及任务互依性的调节作用。结果表明：工作自主性中的方法自主性和安排自主性两个维度都正向影响创新绩效，标准自主性对创新绩效具有负面影响；任务互依性在方法自主性和安排自主性与创新绩效的关系中有调节作用，即任务互依性越高，方法自主性和安排自主性对创新绩效的正向影响越弱。

五、工作特征各维度合并影响员工的绩效

Hackman 等（1975）、Fried 等（1987）、孙晓敏和车宏生（2008）、罗文豪等（2016）将几个维度合并获得一个激励潜能分数，可以得出一个激励潜能分数。那些激励潜能分数更高的工作，会让员工内心更多地体验到工作的意义、重要性、责任感，并且了解到自身工作的实际成果，从而会有更高的内部动机、更高质量的工作绩效以及对于工作的高满意度。

关于工作特征是否分维度存在分歧，分维度研究也有差异，并且把工作特征分维度和整合为一个维度对比研究的更少，本书通过是否分维度进行对比研究工作特征与绩效的关系，并通过人力资本投资的中介作用分析研究其作用机制。

第三章　基础理论和研究假设

第一节　基础理论

一、人力资本理论

从舒尔茨对人力资本理论的系统阐述开始，人力资本进入主流经济学的研究中。从古典人力资本理论对人的经济价值的分析中可以看出，人力资本的本质是一种储存在人身上的价值形态。人力资本和货币资本相同的是，两者都是具有价值增值性的价值形态，都可以通过投资的方式获得潜在的利润和经济的增长。

1.古典人力资本理论

古希腊伟大的思想家柏拉图在其《理想国》中论述了教育和培训的价值，并认为可以借助于基础教育来发展人的先天能力并决定其社会阶层。表明了人力资本对社会结构、权力地位以及人的发展的影响，教育和培训是人力资本积累的重要途径。

英国古典政治经济学的创始人威廉·配第提出了著名的论断"土地是财富之母，劳动是财富之父"，不仅肯定了人的经济价值，而且揭示了人力资本和物质资本在财富创造中相辅相成的作用。第一次采用"生产成本法"粗略地计算出英国人口的货币价值，恩格尔在威廉·配第的基础上，提出了用于反映家庭收入与支出关系的著名定律"恩格尔定律"，在计算人的经济价值时区分了两类价值：人的成本价值和人的投资价值，并对二者进行衡量。威廉·法尔用"资本化收入法"来衡量人的经济价值，他和维特斯坦分析了不同年龄的人的资本价值衡量等，具有巨大的经济价值。

英国经济学家马歇尔在其1890年的著作《经济学原理》中认可了威廉·配第等人关于人的经济价值的思想，而且指出在所有的投资中，对人本身的投资是最有价值的投资。他认为对人的教育与训练投资对于经济增长具有重要作用。

亚当·斯密最早把人力和资本联系在一起，他认为人的能力及其差别主要是后天形成的，而后天通过教育和生产实践提高的能力是固定在人自身的一种资本，能够创造价值，并且指出需要人力资本投资的高技能职业比不需要人力资本投资的低技能职业具有更高的工资水平，在一定程度上论述了人力资本投资和收益的基本原理。

西尼尔（Senior，1836）、恩格尔（Engel，1883）进一步认为，不仅人的知识、技艺和能力是一种资本，而且人的健康同样属于资本。

德国经济学家杜能认为，受过高等教育的人在同样原材料商品装备的条件下，能比没有受过教育的人创造更多的收入，他主张将资本概念应用于人，并认为这样不会贬低价格或者有损于人的自由和尊严。如果不认识、不利用人力资本，国家便会损失这种资本的数额而陷入贫穷。

2.现代人力资本理论

西奥多·舒尔茨在1960年就任美国经济学会会长的就职演讲中，以人力资本投资为议题明确提出了人力资本的概念。他指出传统的经济理论认为经济增长必须依赖于物质资本和劳动力数量的增加是错误的，人的知识、能力、健康、技能等人力资本的增加才是最重要的。人力资本远比土地等物质资本重要得多，对于投资带来的收益率超过了对一切其他形态资本投资的收益率。他指出人的知识、能力与技能是财富和经济增长的源泉，通过对人进行投资，可以促进经济的增长和财富的增加。他明确提出人力是一种资本，人力资本的增长不仅比物质资本增长快，而且比收入增长快；第二次世界大战后发达国家工人工资的大幅度增长，是由于人力资本投资所致，尤其是教育、培训的作用。舒尔茨的分析证明了人力资本在经济增长中所起的决定性作用。

最早研究人力资本与个人收入分配关系的学者是明赛尔，他从个人收入分配和劳动经济角度着眼，提出了美国个人收入差别缩小的变化趋势并在此基础上完成了其博士论文《人力资本投资与个人收入分配》，他指出美国个人收入差别与受教育水平之间存在着密切的关系，他从人的后天智力差别及其变化入手，认为人们受教育水平的普遍提高是工人收入的增长与个人收入分配差别缩小的根本原因，是一种人力资本投资方式。他首次尝试建立了揭示个人收入分配与其接受培训量之间关系的经济数学模型，是最早提出"收益函数"的经济学家之一，他用收益函数深入研究了劳动者收入差别与接受教育和获得工作经验年限之间的关系问题。

贝克尔（1972）从人力资本形成的角度来定义，他认为通过增加人的资源，影响未来货币收入和精神收入的活动，即增加人的生产与收入能力的一切活动就是人力资本投资。具体包括学校教育、在职培训、医疗保健、迁移，以及收集价格和收入的信息等多种形式。贝克尔的最大贡献在于他构建了人力资本理论的微观经济基础，并使之数学化。把人力资本的观点发展成为确定收入分配的一般理论。他对培训问题进行了深入研究，认为培训包括一般培训和特殊培训两种：使被培训者获得一般性用途的知识技能的培训为一般性培训，这种培训应该由被培训者自己付费；能更大地提高提供培训企业生产率的培训为特殊培训，特殊培训应由培训者付费。贝克尔2004年指出："在新经济环境下，人力资本更显得宝贵。国家要取得进步，企业要取得成长，人力资本就是最可贵的资产。"未来50年内，人力资本将是所有经济实体中最重要的资本。

阿罗于1962年发表的《边干边学的经济含义》一文中提出了边干边学的著名理论。他认为边干边学是一种人力资本投资形式，通过边干边

学获得的人力资本是经验产品，它只发生于解决问题的相关生产活动
中；重复大体相同问题的边干边学不能增加人力资本；随着经验知识的
积累，单位产品成本随生产总量增加而递减。知识水平本身作为一个生
产要素具有递增边际生产力，但由于知识具有"溢出效应"所以收益递
增是外在于厂商。

二、自我决定理论

自我决定理论是由美国心理学家Deci Edward L. 和 Ryan Richard M.
等人在20世纪80年代提出的一种关于人类自我决定行为的动机过程理
论，自我决定理论秉承人本主义的理论基础，强调个体自愿和自我决定
是人类行为的强大动力基础。自我决定理论假设人是积极的有机体，不
断地受到发挥个人潜能需求的驱动，努力应对各种挑战以促进个体的心
理成长。该理论强调动机的内在性和自我决定性，认为动机的源泉是个
体先天的实现自身潜力的需求。自我决定就是一种关于经验选择的潜
能，是在充分认识个人需要和环境信息的基础上，个体对行动所做出的
自由的选择，自我决定理论强调人类行为的自我决定程度，将动机按自
我决定程度的高低视作一个连续体。其基础是有机辩证元理论，认为社
会环境可以通过支持自主、胜任、关系三种基本心理需要的满足来增强
人类的内部动机、促进外部动机的内化、保证人类健康成长。

认知评价理论（cognitive evaluation theory）（Deci, 1975；Deci & Ryan,
1980）认为环境因素主要通过两种基本的认知过程对内在动机产生影
响：第一种导致个体认知过程中的因果关系路径发生改变。物质奖励、
时间期限、监督和评价等往往使个体感觉到行为活动缺乏工作自主性，
受到他人的控制，结果削弱内部动机；而工作中的选择机会、民主参与
等外部事件使个体感觉到自我决定，将会增强内部动机。第二种是导致
胜任知觉的改变，当外在事件令个体感觉到胜任工作而不是削弱他们的
胜任感觉时，内部动机将会增强。由此而言，环境因素可以区分为信息

性、控制性与去动机性三种类型：信息性的事件促进个体内在的因果知觉与胜任感，由此提高个体内部动机的水平；控制性的事件产生的是一种压力，提高个体外在因果知觉的水平，降低自主的感觉，从而削弱内部动机；去动机事件意味着无效的事件，导致个体产生无胜任力的感觉，这种感觉削弱内部动机。认知评价理论还确定了一种促进个体内部动机的环境因素特点，当个体处于具有安全感和归属感的环境，即处于满足个体关系需要的环境中时，会出现更多的内部动机行为。但与胜任需要和自主需要相比，关系需要是在远端促进内部动机。

有机整合理论（organismic integration theory）突破传统上的二元动机划分方法，提出个体的自我整合受到环境的影响，是一个从无自我决定到自我决定的连续体（见图3-1）。

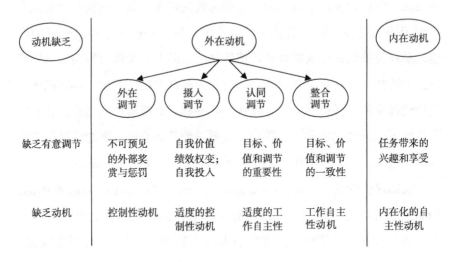

图3-1　自我决定连续体

资料来源：本图来源于组织行为学学报（2005）。

尽管大多数内在化理论将其看作是一分为二的——一项调节要么是个体外部的，要么是已经被内在化的，但是自我决定理论提出这样一种自我决定连续体的假设：它涵盖了从完全缺少自我决定的动机缺乏到永远自我决定的内在动机。在动机缺乏和内在动机之间，沿着这个连续体，是四种外在动机，分别是多数受控（也就是最少自我决定）的外在动机，以及逐渐增加自我决定程度的摄入、认知和整合。

因为个体具有有机整合的倾向，所以由无自我决定动机向自我决定动机发展的倾向是一种先天趋势，这一过程被称为内化（Eghrari，Patrick 和 Leone，1944）。有机整合理论认为外部动机的内化并不必然发生，需要外部环境的滋养，那就是满足关系、自主与胜任三大心理需要。要求、报酬、价值肯定对于外部动机的内化相当关键，所以虽然与自主、胜任需求相比，关系的需要在对内在动机产生影响的过程中位于滋养的远端，但在促进外部动机内化的过程中更为中心。当然，内化的过程也不能缺少胜任需要与自主需要的满足。如果个体在实现目标行为的过程中感受不到胜任，他们就会找到不去行动的借口；而因为自主本身会导致坚持、灵活性和活力，当个体对外在要求体验到选择、意志和自由时内化就更容易发生，所以自主支持是个体将外在的价值转化与整合为自我的基础。

自我决定理论认为，自我决定的天性能否顺利发展受制于外部环境，即外部动机是可以内化的，外部动机的内化和内部动机的维持能否顺利完成，取决于外部环境能否保证人的自主需要、胜任需要和关系需要这三种基本心理需要是否得到满足。自我决定理论与 Harlow（1958）和 White（1959）等心理学家的立场相一致，将需求定义为普遍需要，即对于人类发展最佳状态的和完整性而言至关重要的营养素（Ryan，Sheldon，Kasser 和 Deci，1996）。我们认为胜任需求、工作自主性需求和关系需求对于所有个体而言都是重要的，故自我决定理论的研究重点并不在于不同个体需求强度的结果，而是社会环境中人们满足需求的程度的结果。组织设计满足个体这三种需要的社会情境能让个体更长久地坚持某项活动，坚持积极的心理状态，产生更积极的行为结果：①坚持和持续行为变化；②有效的工作表现，尤其针对需要创造性、认知灵活性、和概念理解力的工作；③工作满意度；④对于工作积极的态度；⑤组织公民行为；⑥心理调整和幸福感。

自我决定理论的核心是自主动机和受控动机的区别。自我决定理论假设，自主动机和受控动机在潜在的调节过程和相关体验上是不同的，自主动机和受控动机都是有意识的，二者都与缺乏目的与激励的动机缺乏相对立。

自我决定理论与 Hackman 和 Oldham 的工作特征理论虽然有差异，但是基于工作设计增加内部工作动机的目的是一样的：①提高多样化、完整性，并且对他人的生活产生积极影响；②给员工提供足够大的自由和自主决策权（行动理论中提到的决策自由度）；③提供有意义的绩效反馈。他们进一步说明，提高能力的需求上的个体差异将弱化这些工作特性对工作绩效产生的积极影响。自我决定理论认为这些工作特性会推动工作自主性动机的增长，而研究结果也证实了这个观点（例如，Gagne，Senecal 和 Koestner，1997）。

三、新增长理论

新增长理论，是指用规模收益递增和内生技术进步来说明一国长期经济增长和各国增长率差异而展开的研究成果的总称。代表人物：美国经济学家罗默（P. M. Romer）、卢卡斯（R. E. Lucas）等。

罗默（1986，1990）、卢卡斯（1988）在新古典生产函数中加入了人力资本因素，从而确立了人力资本在经济增长中的重要地位。罗默把技术进步内生化。他认为，特殊的知识和专业化的人力资本是促进经济增长的重要因素，它们具有收益递增的特性，同时还能提高物质资本的使用效率，从而也产生递增收益，促进经济增长。

罗默提出了"四要素"论，即把生产要素分为资本、非技术劳动、人力资本和新思想。人力资本和新思想是经济增长的主要因素，前者是指知识的积累，后者是指特殊的知识存量。积累的知识越多，用于生产知识的人力资本的边际产出率就越高。罗默认为，专业化的人力资本不仅自身具有收益递增的特点，而且会使资本和劳动等要素的收益递增，形成"收益递增"的增长模型。

罗默于1986年10月在美国《政治经济杂志》上发表的"收益递增和长期增长"和卢卡斯1988年在《货币经济学杂志》上发表的"论经济发展机制"为代表形成的新增长理论，他们把目光扩展到发展中国家的经济发展上，他们把人力资本视为最重要的内生变量，特别强调人力资本存量和人力资本投资在内生性经济增长和从不发达经济向发达经济转变过程中的首要作用。这些研究都充分揭示了人力资本投资水平及其变化对各种经济增长率和人均收入水平收敛趋势的影响，进而确定人力资本和人力资本投资在经济增长和经济发展中的关键作用。

贝克儿认为知识分为一般知识和专业知识，一般知识可以产生规模经济，专业化知识可以产生要素的递增收益。专业知识与一般知识相结合，不仅使知识、技术、人力资本自身产生递增的收益，而且也使其他追加的生产要素如资本、劳动的收益递增。特殊的知识和专业化的人力资本是经济增长的主要原因。因为知识不同于普通商品，不具有完全的排他性，即具有"溢出效应"。

1988年，卢卡斯用人力资本解释了经济的持续增长，使人力资本内在化。证明了人力资本增长率与人力资本投入—产出率成正比，与社会平均人力资本和私人人力资本在最终产品上的边际产出率成正比，与时间贴现率成反比。

美国经济学家卢卡斯在其1988年发表的《经济发展的机制》一文中提出了以人力资本为核心的内生增长模型。他最重要的贡献在于将资本区分为有形资本和无形资本，并将劳动力划分为纯体力的原始劳动和表现劳动技能的人力资本，认为只有后者才是增长的源泉。相比之前的人力资本研究者，他将人力资本的研究内深化和具体化了。他指出，人力资本可以通过两种途径积累：一是通过脱离生产的正规和非正规的学校教育；二是通过生产中的边干边学，工作中的实际训练和经验积累；卢卡斯认为舒尔茨所说的人力资本投资产生的是人力资本的内在效应，而边干边学产生的是人力资本的外在效应，这拓宽了人力资本形成的途径。

卢卡斯模型避免了"没有人口增长就没有经济增长"的令人不愉快的结果。卢卡斯的增长理论认为，由于人力资本积累的外部性，即使发达国家与发展中国家的资本—劳动比率相同，但发达国家由于人力资本水平高，其资本和劳动的边际收益均大于发展中国家，所以导致了资本和劳动力向发达国家流动。

知识创新与积累的动力包括这四种力量：政府对基础科学研究的支持，研究开发与创新的经济利益激励，对知识与人才的重视，以及边干边学的精神。

第二节　变量的定义和测量维度

根据构建的理论模型和研究假设，确定问卷中需要测量的变量包括总体报酬、工作特征、人力资本投资、成就动机和绩效。

一、总体报酬

(一)总体报酬定义

2006年，美国总体报酬协会提出了更全面的总体报酬模型，系统地考虑了组织战略、人力资源战略和薪酬战略的一致性，在薪酬、福利和工作体验三要素模型的基础上，发展薪酬、福利、平衡工作与生活、绩效与认可、个人发展与职业机会五大构成要素。

本研究借鉴美国薪酬管理协会的总体报酬的概念，总体报酬是用以吸引、激励和保留员工的各种手段的整合，任何员工认为有价值的东西都有可能成为总体报酬的组成部分。

(二)总体报酬的维度划分

总体报酬模型包括五大要素：薪酬、福利、平衡工作与生活、绩效与认可、个人发展与职业机会。

薪酬包括固定薪酬和浮动薪酬两部分，固定薪酬就是所谓的基本工资，通常直接取决于组织的价值判断和薪酬结构，不会随着绩效水平或工作结果的变化而改变。浮动薪酬通常对应一定的风险性，它直接随绩效水平或结果产出的变化而变化，一般包括短期激励和长期激励。

福利是雇主为员工货币报酬所提供的补充，一般包括社会保险、企业年金以及非工作时间报酬等几类。

平衡工作与生活是组织设计的一系列旨在帮助员工在事业和家庭两方面同时获得成功的政策和制度规定。

绩效与认可从两个方面着手，绩效目标的实现是组织成功的关键，对绩效结果的关注是总报酬模型的一个重要特征。绩效管理通过有效的引导机制实现组织绩效、部门绩效和个人绩效的一致性，进而实现组织的发展目标。认可是指承认员工的绩效贡献并对员工的努力工作给予特别关注，被人认可并承认自己的价值是员工一种内在的心理需要。

个人发展与职业机会，个人发展是指组织为员工提供的有价值的培训和学习机会以提升他们的工作能力。职业机会是指组织重视人才的内部培养，规划员工的职业发展，并在组织内部为其提供工作轮换的机会和职位晋升的空间，确保优秀的员工能够在组织中发挥出最大的作用。

二、工作特征

(一)工作特征定义

工作特征是界定与工作有关的因素或属性，即工作本身所具有的各种特性。工作特征模型（Hackman 和 Oldham，1974）是工作设计与再设计的重要理论基础，认为任何工作的内容都隐含着5种核心特征：技能多样性、任务整体性、任务重要性、工作自主性和反馈。该模型认为工作内容本身对员工是一种内在的激励，激励效果不仅取决于客观的工作特征，而且更取决于员工对工作特征的认知。

(二)工作特征的维度划分

本研究以Hackman和Oldham提出的工作特征模型为自变量研究工作设计对员工绩效的影响。Hackman和Oldham的工作特征模型从内容上包括以下五个要素。

(1) 技能多样性：指的是工作的内容需要员工应用多种技能和能力的程度；

(2) 任务整体性：指的是工作任务为员工提供的全面完成一项任务的程度；

(3) 任务重要性：指的是工作结果对他人的工作与生活影响的程度；

(4) 工作自主性：指的是工作方式允许员工自由地和独立地安排工作进度和具体实施方式的程度；

(5) 反馈：指的是员工能从工作本身得到关于自己工作效果的信息反馈的程度（Hackman等，1974）。

三、人力资本投资

(一)人力资本投资定义

人力资本是指凝结在人身上的知识、技术、能力和健康的综合，人力资本投资主要包括教育、培训、保健及劳动者迁移的投资（Schultz，1960）。人力资本投资的定义是加里·贝克尔在《人力资本》一书中提出的，他认为所有的用于增加人的资源并影响其未来货币收入和消费的投资为人力资本投资。Becker（1987）将人力资本投资定义为通过对人力资源一定的投入，使人力资源数量和质量指标均有所改善，包括对劳动者的知识、技能、体力和思想道德水平等方面的各种投资，并且这种改善最终反映在劳动产出的增加上的一种投资行为。

本研究界定的人力资本投资是指通过教育、培训、医疗保健、干中学以及劳动者迁移，凝结在人身上的知识、技能和健康的综合，能够增加人的资源并影响其未来货币收入和消费的投资。

（二）人力资本投资维度划分

理论界关于企业人力资本投资形式的讨论最早源于对在职培训形式的研究，Becker（1987）将培训分为一般培训和特殊培训，后人的研究把一般培训界定为通用人力资本投资，特殊培训界定为专用人力资本投资。罗默也提出了类似的划分，把知识分解为一般知识和专业知识，一般知识可以产生规模经济效益，专业知识可以产生要素的递增收益。张一弛等（2009）也沿用通用人力资本投资和专用人力资本投资的分类。本研究从通用人力资本投资和专用人力资本投资的分类进行研究。

通用性人力资本则是指由常识性、基础性、普遍实用性知识和技能构成的人力资本，可以在不同公司之间转移，对各个公司都能创造价值的技能和知识。

企业专用性人力资本是指由专业性、特殊性和行业部门或组织内部可用性知识和技能构成的人力资本，只对某一个特定的公司有价值的技能和知识，无法用于其他企业。

四、成就动机

（1）本研究把成就动机界定为一种主要的社会动机，是推动个人在达成目标的过程中所产生的一种内部推力，它影响着员工的潜能和努力程度，将直接或者间接影响创新绩效。成就动机其实包含追求成功和避免失败这两种动机，因此个人的最终行为要取决于他对这两种动机的综合。

（2）成就动机维度划分。Atkinson 认为，成就动机其实包含追求成功和避免失败这两种动机，它们在强度上可能是不一样的，一个人不可能不考虑失败的后果去追求成功。因此个人的最终行为要取决于他对这两种动机的综合。如果一个人追求成功的动机高于避免失败的动机，那么这个人便将努力去追求特定的目标。如果一个人避免失败的动机强于追求成功的动机，那么这个人就有可能选择减少失败机会的目标。

五、绩效

1.绩效定义

绩效，是组织期望的结果，是组织为实现其目标而展现在不同层面上的有效输出，它包括个人绩效和组织绩效两个方面。

2.绩效维度划分

本书借鉴 Borman 和 Motowidlo 绩效二维结构的定义，将工作绩效分为任务绩效和关系绩效。

任务绩效是指与具体职务的工作内容密切相关，同时也和个体的能力、完成任务的熟练程度和工作知识密切相关的绩效，通过技术核心为组织目标做出贡献的结果和行为。

关系绩效是指员工自愿帮助同事，用友善的方式来对待同事，与同事保持良好的关系，通过对工作所在的组织和心理背景的支持，间接为组织目标做出贡献的行为和过程。

第三节　研究假设

一、总体报酬与绩效

总体报酬是借鉴美国薪酬管理协会 2006 年的概念界定，从早期的工资、福利，到全面薪酬（埃德·劳勒、特鲁普曼、乔治·米尔科维奇和杰里·纽曼和拜厄斯），逐步发展演变而来。姚先国、方阳春（2005）和薛琴（2007），从员工需求导向的薪酬理念，引出满足员工多样化需求的非货币报酬，从货币报酬延伸到货币报酬和非货币报酬优化组合，使得我们发现总体报酬成为我们研究的主题。张再生、宁甜甜、王鑫（2014）和文跃然、周欢（2015）的研究结果表明，总体报酬模型能够较好地适应中国的情景，总体报酬在中国尤为可行。

在传统的经济组织里，工作报酬对于企业的绩效的提高具有显著的正向影响，随着经济的转型升级，产业转换，员工需求的多样化使得岳颖（2005）和朱飞、文跃然、谢安（2015）等专家学者认为货币报酬激励效应已经很低，导致报酬激励的局限性，但是和姚先国、方阳春（2005）、郭和平（2007）一样的众多专家和学者认为货币报酬和非货币报酬（如对员工成绩的认可、员工的职业发展等）联合才能发挥更大的激励作用，极大地提高了员工的满意度和工作积极性，增强企业在行业中的竞争力。总体报酬是高固定薪酬，认为只有员工在经济型薪酬有保障的情况下，企业才会利用非货币报酬提高员工的激励作用。张廷君、张再生（2012）认为有利的经济薪酬是能否留住人才的关键因素。任晓红（2015）弹性福利计划作为企业全面薪酬战略的有机组成部分，具有保障员工权益，激励员工热情，提高员工满意度，降低企业福利成本的功能。

饶惠霞（2013）研究结果表明：研发人员的工作生活质量的三个维度（工作任务、组织环境和社会与心理）分别与工作绩效的两个维度（任务绩效和周边绩效）呈显著的正相关。赵文红、周密（2012）研究结果显示，研发团队的内部机会、培训与发展、决策参与这3项人力资源管理实践能够显著提升研发团队成员的组织支持感知，进而使其对组织产生感情承诺。文跃然、周海涛和吴俊崎（2015）认为一个良好的认可激励制度，能够营造一个鼓励员工最大化发挥自己潜能的企业文化环境，促使员工创造出人意料的卓越绩效。秦晓蕾等和孙锐的研究发现，员工培训与企业绩效均呈显著的正相关。

洪健、林芳（2007）和郭卫东（2010）都认为总体报酬通过吸引、保留和激励员工，充分满足员工多样化、差异化的价值需求，达到激励员工的作用，增加了企业的竞争能力，提高了企业绩效。基于以上分析我们提出如下假设：

假设1：总体报酬显著正向影响企业的绩效。

假设1a：总体报酬显著正向影响企业的任务绩效。

假设1b：总体报酬显著正向影响企业的关系绩效。

二、工作特征与绩效

进入知识经济时代，基于传统的机械工作设计方式已经不能满足社会和企业的发展，为了提升员工和组织的绩效，获得可持续发展的竞争优势，学界致力于工作扩大化和工作丰富化的工作设计研究。基于工作特征的工作设计研究主要从两个方面进行分析：一方面是研究工作压力、工作倦怠；另一方面是工作内容的内在激励。本研究主要是选择基于内在激励的Hackman和Oldham（1975）的工作特征模型。

罗茜、李洪玉、何一粟等（2012）和王文平、邓玉林（2008）认为高校教师与护理人员的工作特征与工作满意度存在显著的正相关。Hackman和Oldham（1976）和周红云（2012）认为工作特征是组织公民行为的重要影响因素，员工对工作特征的认知会影响到其组织公民行为，如果工作特征的核心维度突出，员工就会表现出更多的组织公民行为。Hackman和Oldham（1976）的工作特征对员工而言本身是一种内在激励，通过影响员工的心理状态，提高员工的工作满意度，促使员工表现更多的组织公民行为，有助于提高组织的工作绩效。

Janssen（2000）、Deci和Ryan（2008）、刘博逸等（2010）研究发现工作自主性可以激发员工的内在动机，Farmer等（2003）、王端旭等（2011）的研究结果是工作自主性、技能多样性均与员工创新绩效正相关，Noefer等（2009）研究证实技能多样性对企业组织中员工新想法的产生和实施具有直接的正向影响。孙灵希等（2013）的研究表明技能多样性、任务完整性、任务重要性对科研人员工作投入主要表现为直接效应，工作自主性、工作反馈更多表现为调节作用。刘宏英、苏郁锋、吴能全（2015）认为员工对任务重要性的认知影响员工的行为、态度和绩效，王富祥（2006）及 Oldham 和 Kulik（1986）研究发现企业员工（商业银行员工和资料处理人员）的工作特征（五个维度）显著正向影响工作绩效。王忠、熊立国和郭欢（2014）认为工作特征各维度均对个人创新绩效发挥显著正向影响；技能多样性、工作自主性分别正向调节员工创造力人格与个人创新绩效之间的关系。基于工作特征的工作设计有助于提升员工的内在动力，促使外在动力内在化，提高员工绩效。基于以上分析我们提出如下假设：

假设2：工作特征显著正向影响企业的绩效。

假设2a：工作特征显著正向影响企业的任务绩效。

假设2b：工作特征显著正向影响企业的关系绩效。

三、总体报酬与人力资本投资

美国经济学家西奥多·舒尔茨20世纪50年代提出人力投资是经济迅速增长的主要原因，并认为人的素质的改善（经由正规教育、成人教育、在职培训、健康及营养的增进）是促进国民经济增长的主要原因，进而创立了人力资本理论。其后，罗默、卢卡斯等发展了该理论，并提出了"干中学"也可提高人力资本。

陈迅、张艳云（2008）和范如国、李星（2011）的研究结果表明：农民工家庭年均劳动报酬收入的增加会促使农民工家庭加大对子女教育的年投入和劳动力医疗年支出；农村居民收入与人力资本投资具有单向的 Granger 因果关系，农村居民收入对人力资本投资具有显著的正影响。尤琳（2012）认为理性的企业员工自然会为了获得更高收入而自愿选择付出努力投资于专用性人力资本；海克曼和奥德海姆认为高成长性需求使得员工为了实现自己的发展和职业的晋升会增加人力资本投资。骆品亮、司春林（2001）认为职位提升机制能在一定程度上激励代理人的投资。

吴良平、曾国华和余来文（2014）研究结论表明：当前我国应提高劳动者报酬，以人才集聚和人力资本投资加大，提升地区创新能力，以创新驱动发展战略来加快完善社会主义市场经济体制和转变经济发展方式；姚瑶、赵英军（2015）认为建立工资报酬差别机制，有利于激发员工人力资本投资热情。基于以上分析我们提出如下假设：

假设3：总体报酬显著正向影响人力资本投资。

假设3a：报酬与人力资本投资成显著的正相关关系。

假设3b：福利与人力资本投资成显著的正相关关系。

假设3c：绩效与工作生活平衡与人力资本投资成显著的正相关关系。

假设3d：认可与职业发展与人力资本投资成显著的正相关关系。

四、工作特征与人力资本投资

由于劳动力市场化程度的进一步提高，结合中国企业平均寿命很短，使得企业缺乏通用人力资本投资的动能，专用人力资本投资也受到抑制；当前中国人力资本投资的回报严重低于物质资本的回报，导致员工没有动力进行人力资本投资。借鉴员工职业生涯设计的思想，本研究尝试通过企业的人力资源管理实践——基于工作特征的工作设计引导人力资本投资的主体员工变被动为主动，提高人力资本投资的意愿，解决当前我国企业人力资本投资不足的问题，实现人力资本投资由外在推动向内在拉动和外在推动相结合转变，提高员工和企业的绩效，增强企业的竞争优势，追求企业的可持续发展。

基于工作扩大化和丰富化为目的的工作特征模型，促使员工学习企业所需要的知识技能，进行有效的人力资本投资，国内学者丁桂凤（2005）的研究证实了多样技能性、任务完整性、任务重要性、工作自主性和及时反馈，有利于激发员工学习的动力。工作特征模型的内在激励受到员工的知识与技能的影响，因此，促进员工进行人力资本投资。晃彬云（2006）认为个人根据技能报酬溢价的变动做出人力资本投资决策。陈维涛、王永进和毛劲松（2014）的研究表明，出口技术复杂度的提升不仅有利于中国城镇劳动者人力资本投资的增加，还有利于中国农村劳动者人力资本投资的增加。

工作特征对工作者的影响已被广为关注，基于工作特征模型的工作设计能调动员工的工作积极性，以工作扩大化和工作丰富化为目的的工作设计，鼓励员工在工作中主动学习和创新，进一步增加了工作本身的激励能力。从工作特征的内容和员工个体差异的因素，都需要员工积极主动地学习适应组织需求的知识、技能和能力。基于以上分析我们提出如下假设：

假设4：工作特征显著正向影响人力资本投资。

假设4a：技能多样性与人力资本投资呈显著的正相关。

假设4b：任务完整性与人力资本投资呈显著的正相关。

假设4c：任务重要性与人力资本投资呈显著的正相关。

假设4d：自主性与人力资本投资呈显著的正相关。

假设4e：反馈性与人力资本投资呈显著的正相关。

五、人力资本投资的中介作用

进入知识经济时代，劳动力向人力资本的演化不是自动地进行，而是随着生产力的不断发展，人力资本经历一个从无到有，从外在到内在的过程，由社会、企业和员工主动进行投资所构成的资本，已经成为技术创新和经济增长的动力和源泉。

虽然人力资本理论被认为是人力资源管理影响企业绩效的重要理

论基础（Lepak 和 Snell，1999），已有研究发现人力资本是高绩效人力资源管理系统和公司绩效之间的中介变量（Becker，Huselid，Pinkus 和 Spratt，1997；Youndt 和 Snell，2004），但是人力资本在人力资源管理影响企业绩效的过程中的作用机理迄今为止还没有得到深入的研究，并且研究结果分歧较大。Youndt 和 Snell 的研究结果发现人力资本在人力资源管理影响企业绩效的过程中具有部分的而不是完全的中介作用；张一弛等（2009）的研究表明专用型人力资本完全中介高绩效人力资源管理实践对绩效的作用；程德俊和赵曙明（2006）的研究表明专用人力资本在高参与工作系统与企业绩效的关系中起着部分中介作用。

阎世平和林灵（2013）认为高素质的人力资本有利于新技术的开发、应用和传播，使得研发投入的效应更加显著；刘丹丹、罗润东（2014）认为经济转型期劳资矛盾显现，社会保障作为重要的制度安排通过影响人力资本投资及劳动力市场发挥对劳资关系的间接效应；李萍、谌新民和谢斌（2014）认为劳动合同期限一般是通过影响人力资本投资影响工资水平的，这种效应在制造业中、在中低层收入者中表现更为明显；王朝晖、佘国强（2016）实证研究表明：战略人力资本和组织创新氛围在高绩效工作系统和探索式创新之间起中介作用，两个变量的同步中介效应在高绩效工作系统和探索式创新之间发挥了完全中介效应。基于以上分析我们提出如下假设：

假设 5：人力资本投资部分中介总体报酬和工作特征对绩效的影响。

假设 5a：人力资本投资部分中介总体报酬和工作特征对任务绩效的影响。

假设 5b：人力资本投资部分中介总体报酬和工作特征对关系绩效的影响。

六、成就动机的调节作用

根据自我决定理论，员工的成就动机水平和工作本身将会影响员工进行人力资本投资和提高绩效的主观能动性，根据Hiam（2003）的研究发现成就动机对每一个员工都非常重要的，由此可以看出，研究成就动机和工作绩效的关系非常有现实意义。

本研究以Atkinson（1998）的成就动机两维度为主，结合Mcclelland（1981）和Weiner（2000）的研究结果分析成就动机强度对员工绩效的影响。Mcclelland和Atkinson认为，高成就动机的人倾向于为他们自己确立的高目标或优秀标准而努力学习和工作；Weiner和Heider（1958）的研究结果表明把成功和失败归因于可控制的、稳定的内因，即把成功归因于能力、努力和个性，他们倾向于更加努力地学习和工作。

Hackman等研究发现员工的个人成长需求在工作特征和绩效之间发挥着重要的调节作用，成就动机与员工的个人成长需求在内在激励方面是一致的，追求自我成长和发展，达到更优秀的标准，实现更高目标。国内学者孙跃和胡蓓、李会青、刘海等学者进一步证明了成就动机调节作用，例如：孙跃和胡蓓的研究验证了追求成功动机与避免失败动机在员工离职意愿决定过程中的调节效应；刘海等的研究表明成就动机对人格特质与职业价值观的关系具有明显的调节效应。基于以上分析，我们提出以下假设：

假设6：成就动机在总体报酬、工作特征通过人力资本投资对员工绩效的影响中起调节作用。

假设6a：成就动机在总体报酬、工作特征对员工绩效的影响过程中起调节作用。

假设6b：成就动机在总体报酬、工作特征对人力资本投资的影响过程中起调节作用。

第四节　模型构建

根据变量综述研究和逻辑推理，本研究认为，总体报酬和工作特征对员工绩效具有正向影响，总体报酬和工作特征对人力资本投资具有正向影响，人力资本投资对员工绩效具有正向影响；人力资本投资在总体报酬、工作特征对员工绩效影响的过程中起中介作用；成就动机在总体报酬、工作特征、人力资本投资和员工创新绩效的作用机制中起调节作用。根据研究所确定的变量和相关研究假设，构建本研究的理论模型（见图3-2）。

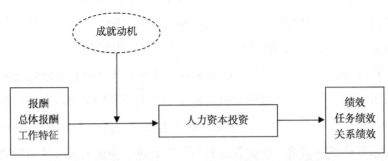

图3-2 总体报酬、工作特征与员工绩效作用机制模型

第四章　研究设计

由于本研究所需要的数据是员工——个体层面的主观的数据，没有现成的二手数据可用，也不能用国家层面的客观数据进行转换。通过严密的逻辑推理，结合科学的研究方法对理论模型进行实证分析和研究。本研究在文献分析的基础上，对构建的理论模型所涉及的变量借鉴、修订和补充现有相关量表，设计调查问卷。问卷调查法以其快速、有效、低成本的优点成为社会科学领域最常使用的方法，采用问卷调查法，通过抽样调查为主要的调查样本取样方法，利用科学设计的问卷对员工进行调查获得需要的数据。根据研究的进度，对问卷设计过程、变量的操作化、样本及样本量的确定、数据分析方法等过程进行控制，保证研究设计的科学性和有效性。

第一节　问卷设计

一、问卷设计过程

员工——个体层面研究所需要的数据没有公开的数据库可供利用，因此通过抽样调查获得相应的主观数据。抽样调查是通过抽取有代表性的一定数量的样本进行分析研究，根据抽样的分析结果推断总体的特征。根据李怀祖（2004）的问卷设计原则，确定问卷简明扼要，便于回答和有吸引力，问卷题项只包括与研究目的有直接关系的问题，封闭式问题所列举的答案应保证完备性和互斥性，问卷不能带有诱导性和倾向性，按照王重鸣（1990）抽样调查过程获取高质量的样本数据。

为了保证研究问卷的科学性，在研究设计上，通过填表说明向应试者明确答案本身没有对错之分，尽可能使用通俗易懂的语言，各变量在不同程度使用反向用语等策略；根据问卷设计的原则，本问卷总体设计按照定性和定量相结合的方法，采用Likert5级量表法（1=非常不符合，5=非常符合），通过三种渠道在全国26个省、市、自治区进行大范围的调研。

本问卷的设计与量表开发的过程分为以下几个步骤：首先，针对理论模型中的变量进行文献回顾和梳理，借鉴成熟的量表，从中提取符合本研究需要的维度和类似题项。借鉴经过理论和实证检验的信度和效度比较高的总体报酬、工作特征、人力资本投资、成就动机和绩效等量表设计测试量表；其次，与学术专家、企业员工进行讨论和交流，对量表题项进行适应中国情境的修订，形成测试问卷；最后，从山西太原、长治、平遥选取16家企业进行试测，针对有疑问或者有歧义的题项进行修订，针对缺失值比较多的题项分析其保留的必要性和可行性，通过对测试调查问卷的结果进行信度和效度分析，对问卷题项进行修订、对变量维度进行调整和归类，形成正式问卷。

二、问卷调查过程

为了保证样本的代表性，确保问卷调研数据的质量，我们采用了多渠道、广覆盖的原则，通过合作企业和直接上门等三种方式从中国26个省、市、自治区进行大范围调研。

（一）样本企业标准

为了确保样本的代表性，我们对被选取的样本做了相应的规定：样本企业必须是具有具体的经营业务、雇员在8人以上的法人实体。在此基础上不分区域、规模、所有制类型、产业类型和层次的所有企业是样本总体。

（二）样本企业来源

根据实证研究的需要，保证样本的代表性和覆盖范围，样本的来源分为三个渠道：太原、长治和平遥的合作企业，大型集团公司项目培训的企业，以及全国所有省、市、自治区的企业。

（三）问卷的发放和回收

在确定样本企业的标准和来源后，我们通过两种途径发放问卷：一种是作者通过合作企业进行调研，发放问卷460份，回收401份，回收率87%；另一种是选拔100名学生干部在全国范围发放问卷，从2016年7月到10月，学生干部上门调研1540份，回收864份，回收率56%，总回收率63.25%，剔除有缺失项的114份，有效问卷1151份，有效回收率57.55%，符合国际上对有效问卷回收率的要求。

第二节　量表的确定和修订

根据构建的理论模型，从总体报酬、工作特征、人力资本投资、成就动机和绩效五个变量进行量表设计和修订，制定符合中国情境的问卷。量表的选取和借鉴：既有成熟的量表的变量——工作特征和成就动机，也有中国情境下需要修订的量表的变量——总体报酬和创新绩效，最后借鉴现有量表进行补充开发的量表——人力资本投资。为了便于中国企业员工有效填写问卷，各变量的测量题项在借鉴已有量表的基础上，结合中国文化和情景进行修订。

测评量表的确定主要是个体层面的主观感受，因此我们用相对指标替代绝对指标，Ng和Feldman（2012）对自评创新绩效与他评创新绩效的元分析表明，自评创新绩效在自变量与组织和工作相关的特征上，与他评创新绩效的效应值并无显著差异；而当自变量涉及自我特征时，只要有效控制共同方法偏差问题，则可保证自评创新绩效的有效性，因此我们采用自评量表。调查问卷的所有测量指标均采用Likert 5级量表法。

一、总体报酬量表的修订

关于总体报酬的操作化量表，本书借鉴杨俊青的国家自然科学基金的"总体报酬"量表作为测试量表，通过预测试，对原量表进行信度、效度和区分度检验时，绩效与认可的R1题项的效度没有通过检验，进行删减，进行探索性因子分析，主成分分析和正交旋转后，原绩效与认可的四个题项中的第2题和第3题，调整和归档属于平衡与工作生活维度，第4题和第5题，调整和归档属于个人发展与职业会维度；虽然B5和B6被单独旋转成一个单独的主成分，但福利的维度存在，并且这两个题项属于福利维度，所以继续把它们归档为福利维度进行保留。

通过预测问卷的分析和验证，美国薪酬管理协会的五因子模型中的薪酬和福利的潜变量几乎没有发生变化，绩效与认可被分解到平衡工作与生活和个人发展与职业机会潜变量中，中国是一个发展中国家，中国民营企业尤其是中小企业的寿命只有2.9年，大部分企业是为了生存而去经营，因此他们对绩效非常重视，只有绩效好了，才会考虑员工的工作生活质量，所以绩效与工作生活平衡比较吻合中国的具体国情；中国是高权力距离文化的国度，员工的发展不仅仅取决于自己的努力，而且更取决于员工的直接上级，这就是中国特色的关系文化、圈子文化生存的土壤，也就是只有认可你的能力和贡献，把你纳入领导的圈子、形成良好的上下级关系，才会有助于员工的职业发展。因此按照适应中国国情的四因子模型：薪酬、福利、绩效与工作生活平衡、认可与职业发展把测试量表修订为正式量表，具体见表4-1。

表4-1　总体报酬量表

α值维度	编码	题项
薪酬（P）	P1	1.薪酬逐年稳定上涨
	P2	2.薪酬水平与本人技能匹配
	P3	3.薪酬水平与同行业企业相比
	P4	4.当月绩效奖金与工作绩效挂钩
	P5	5.年终绩效奖金与工作绩效挂钩
	P6	6.本人薪酬与企业利润挂钩
福利（B）	B1	7.及时足额为员工缴纳五险一金
	B2	8.为员工缴纳其他社会保险
	B3	9.保证员工的工间休息时间
	B4	10.保证员工的节假日休息时间
	B5	11.住房福利
	B6	12.节假日礼品、现金等的发放
绩效与工作生活平衡（PW）	PW1	13.不带薪假期的执行情况
	PW2	14.带薪假期的执行情况
	PW3	15.工作与家庭兼顾情况
	PW4	16.公司对您家庭的关照
	PW5	17.工作中您的身心健康情况
	PW6	18.公司给予您参与管理或提出建议的机会
	PW7	20.考核标准易于达到
	PW8	21公司目标与个人目标的一致性
认可与职业发展（RD）	RD1	22.受到上司表扬或额外奖励的机会
	RD2	23.与上司或同事非正式交流的机会
	RD3	24.公司资助或支持的学习进修培训
	RD4	25.轮岗或在更高级别岗位上的实习机会
	RD5	26.公司组织的培训项目或课程
	RD6	27. 晋升机会
	RD7	28.工作对个人能力提升的帮助
	RD8	29.公司提供清晰的未来晋升阶梯或路径

资料来源：根据预测试量表分析结果由作者整理而得。

总体报酬的五要素模型图转变为适合中国情境的四要素模型图，具体见图4-1。

图4-1　中国情境下的总体报酬模型

资料来源：根据预测试量表分析结果由作者绘制。

二、工作特征量表

工作特征模型的5个核心维度的测量借鉴 Hackman 等（1974）与 Idaszak 等（1987）改进的量表，结合中国本土情景进行语句修订（见表4-2）。

表4-2　工作特征量表

维度	编码	题项
技能多样性	JC1	1.工作要求使用不同的技能和能力
	JC2	2.工作要求我使用大量复杂的，高水平的技能
	JC3	3.工作相当简单，并且具有重复性
任务完整性	JC4	4.工作是一个完整的，具有明确开始和结束的工作
	JC5	5.任务由我开始，并且由我完成
	JC6	6.由于工作安排的原因，我没有机会完整地做完一整件工作
任务重要性	JC7	7.工作的结果显著地影响到别人的生活或者福利
	JC8	8.我的工作完成的好坏将会影响到很多人
	JC9	9.工作本身在更大范围上来说，并没有什么意义或重要性
工作自主性	JC10	10.工作允许自己决定如何完成它
	JC11	11.工作给予我相当大的自由来独立决定如何完成它
	JC12	12.工作没有给我提供任何机会让我自主地判断和完成自己的工作

维度	编码	题项
反馈性	JC13	13.实际工作本身为你提供了有关自己工作效果的线索
	JC14	14.通过完成任务本身，我就可以有很多机会了解自己做的如何
	JC15	15.就我自己的工作效果而言，工作本身提供了非常少的线索

资料来源：本表资料来源于Hackman等（1974）与Idaszak等（1987）改进的量表。

　　工作特征的所有题项都经过了信度和效度检验，信度检验时，由于工作特征五个维度的最后一个题项是反向用语，因此更验证了量表本身的信度。虽然工作特征各维度的信度系数都通过了检验标准，但是相比其他量表的信度系数α值，工作特征各维度的信度系数α值偏低，其主要的原因可能是题项过少，只有3项，其他变量的维度题项大多在6项以上，值得注意的是，再次使用工作特征量表的时候，对量表的题项可以增加到5~6个。

　　结合工作特征分量表的信度系数α值为0.819，大于0.7，整个问卷的信度系数α值为0.911，大于0.8都符合专家学者的检验标准。因此保留了工作特征的分量表。

三、人力资本投资初始量表

　　根据是否企业专用（排他性）把人力资本投资分为专用性人力资本投资和通用性人力资本投资（Becker，1975），结合企业的人力资本分类研究员工个体的人力资本投资，分为专用人力资本投资和通用人力资本投资（陈云云，方芳，张一弛，2009）。

　　人力资本投量表借鉴张一弛等人（2009）量表，结合本研究进行修订，对原有量表的修订补充是在通用人力资本投资和专用人力资本投资的量表基础上分别加了三个人力资本投资结构的题项，如我的人力资本能够匹配行业需要的通用人力资本结构；我能根据企业对专用人力资本结构的需要，调整自己的人力资本投资类型；我非常希望投资企业未来需要的专用人力资本结构类型等题项，具体见人力资本投资量表（见表4-3）。

表4-3 人力资本投资初始量表

维度	编码	题项
通用人力资本投资意愿（HCI1）	HCI11	1.我非常希望有机会继续学习和参加培训以提升自己的知识水平
	HCI12	2.我非常希望有机会去其他公司工作，以积累多个行业通用的技能
	HCI13	3.我非常希望考取多个行业都认可的资格证书
	HCI14	4.我非常希望积累多个行业通用的知识，而不是本公司专用的知识
	HCI15	5.我非常努力提高多个行业通用的技能，即使这些技能在本公司没有用处
	HCI16	6.我非常喜欢阅读其他行业的相关报刊和书籍
	HCI17	7.我的人力资本能匹配行业需要的通用的人力资本结构
	HCI18	8.我能根据行业对通用人力资本结构的需要，调整自己的人力资本投资类型
	HCI19	9.我非常希望投资行业未来需要的通用的人力资本结构类型
专用人力资本投资意愿（HCI2）	HCI21	10.我非常希望更多地了解本公司的历史、发展战略和组织文化
	HCI22	11.我非常希望在本公司工作更长时间以掌握更多的本公司专用的知识和技能
	HCI23	12.我非常愿意积累本公司专用的经验，即使这些经验在其他公司没有用处
	HCI24	13.我非常希望获得更多的本公司专用的工作知识
	HCI25	14.我非常努力提高本公司专用的技能，即使这些技能对我跳槽没有好处
	HCI26	15.我非常喜欢阅读本公司的内部刊物
	HCI27	16.我的人力资本能匹配企业需要的专用的人力资本结构
	HCI28	17.我能根据企业对专用人力资本结构的需要，调整自己的人力资本投资类型
	HCI29	18.我非常希望投资企业未来需要的专用人力资本结构类型

资料来源：根据对张一弛的量表修订补充由作者整理而得。

利用测试问卷的样本数据对人力资本投资量表进行信度和效度检验，通用人力资本投资的第二题项HCI12没有通过信度检验，因此对

HCI12题项进行删减，通过对测试的样本数据进行探索因子分析，通过主成分分析和正交旋转，结果显示人力资本投资的维度由两个维度变为三个维度，说明修订补充的题项是另一个人力资本投资的维度，创新性（结构）人力资本投资。

根据新的人力资本投资分类对人力资本投资量表进行修订，具体结果见表4-4。

表4-4　人力资本投资量表

维度	编码	题项
通用人力资本投资意愿（HCI1）	HCI11	1.我非常希望有机会继续学习和参加培训以提升自己的知识水平
	HCI12	3.我非常希望考取多个行业都认可的资格证书
	HCI13	4.我非常希望积累多个行业通用的知识，而不是本公司专用的知识
	HCI14	5.我非常努力提高多个行业通用的技能，即使这些技能在本公司没有用处
专用人力资本投资意愿（HCI2）	HCI21	10.我非常希望更多地了解本公司的历史、发展战略和组织文化
	HCI22	11.我非常希望在本公司工作更长时间以掌握更多的本公司专用的知识和技能
	HCI23	12.我非常愿意积累本公司专用的经验，即使这些经验在其他公司没有用处
	HCI24	13.我非常希望获得更多的本公司专用的工作知识
	HCI25	14.我非常努力提高本公司专用的技能，即使这些技能对我跳槽没有好处
	HCI26	15.我非常喜欢阅读本公司的内部刊物
创新人力资本投资（HCI3）	HCI31	6.我非常喜欢阅读其他行业的相关报刊和书籍
	HCI32	7.我的人力资本能匹配行业需要的通用的人力资本结构
	HCI33	8.我能根据行业对通用人力资本结构的需要，调整自己的人力资本投资类型
	HCI34	9.我非常希望投资行业未来需要的通用的人力资本结构类型
	HCI35	16.我的人力资本能匹配企业需要的专用的人力资本结构
	HCI36	17.我能根据企业对专用人力资本结构的需要，调整自己的人力资本投资类型
	HCI37	18.我非常希望投资企业未来需要的专用人力资本结构类型

资料来源：根据对预测试量表分析结果由作者整理而得。

人力资本投资的内在结构由两个维度丰富发展为三个维度（见图4-2）。

图4-2 人力资本投资结构图

资料来源：根据预测试量表分析结果由作者绘制。

四、成就动机初始量表

成就动机量表借鉴由挪威心理学家Gjesme，T.和Nygard，R.于1970年编制修订，由中国研究者叶仁敏和挪威Hegtvet，K.A.于1988年合作译制的中文版本，结合本研究进行修订。

通过测试问卷对成就动机量表进行信度和效度检验，避免失败的ACM22题项没有通过信度检验，应该予以删减，由于成就动机强度的计算是配对计算的，因此，本研究把追求成功的ACM12题项一并删减。具体修订见表4-5。

表4-5 成就动机量表

维度	编码	题项
追求成功(ACM1)	ACM11	1.我喜欢新奇的、有困难的任务，甚至不惜冒风险
	ACM12	5.我会被那些能了解自己有多大才智的工作所吸引
	ACM13	7.面对能测量我能力的机会，我感到是一种鞭策和挑战
	ACM14	9.我喜欢对我没有把握解决的问题坚持不懈地努力
	ACM15	11.我喜欢尽了最大努力能完成的工作

续表

维度	编码	题项
避免失败（ACM2）	ACM21	2.当我遇到我不能立即弄懂的问题，我会焦虑不安
	ACM22	6.我对没有把握能胜任的工作感到忧虑
	ACM23	8.一想到要去做那些新奇的、有困难的工作，我就感到不安
	ACM24	10.在那些测量我能力的情境中，我感到不安
	ACM25	12.在完成我认为是困难的任务时，我担心失败

资料来源：根据预测试量表分析结果由作者整理而得。

五、绩效

根据 Borman 和 Motowidlo（1993）对绩效二维结构的定义，将工作绩效分为任务绩效和关系绩效。绩效量表借鉴 Janssen（2003）、韩翼（2006）的测量项目，按照本研究情景进行修订（见表4-6）。

表4-6　绩效初始量表

维度	编码	题项
关系绩效	RP1	1.愿意服从组织的安排，积极主动配合上司的工作，维护上级的决策权威
	RP2	2.支持并鼓励同一级别的同事，不将工作责任推诿到其他部门同事的身上
	RP3	3.自愿承担不属于自己的职责，积极帮助那些工作量繁重的同事，帮助同事分忧解难
	RP4	4.主动解决工作中的问题，为公司的管理决策提供好的建议
	RP5	5.培养个人自律性和自控精神，即使上级管理人员不在场也按照指令做事
	RP6	6.自愿做许多有利于公司利益的工作
	RP7	7.认同组织价值，认为在组织中能够发挥自己的能力，为了组织成功努力工作
	RP8	8.关心组织前途，认为组织值得为之工作，为了组织的利益，牺牲个人利益
	RP9	9.要求安排具有挑战性的工作任务，密切关注工作中的重要细节
	RP10	10.注意个人形象，举止礼貌，有修养

续表

维度	编码	题项
任务绩效	TP1	11.具有很好的与工作相关的专业知识、技能
	TP2	12.能够履行工作说明书中的职责要求，完成工作任务
	TP3	13.能合理处理计划外被安排的工作任务
	TP4	14.不能履行必要的工作职责
	TP5	15.忽视一些必须要做的事情
	TP6	16.工作效率明显高于平均水平
	TP7	17.工作成绩在数量方面明显高于平均水平
	TP8	18.工作成绩在质量方面明显高于平均水平

利用测试样本数据对绩效进行信度和效度检验，任务绩效的第11题项，没有通过效度检验，第14题项和第15题项没有通过信度检验，并且探索性因子分析的主成分分析和正交旋转的结果是第12题项和第13题项归类进关系绩效，通过分析整理，对绩效量表进行修订，具体结果见表4-7。

表4-7 绩效量表

维度	编码	题项
关系绩效	RP1	1.愿意服从组织的安排，积极主动配合上司的工作，维护上级的决策权威
	RP2	2.支持并鼓励同一级别的同事，不将工作责任推诿到其他部门同事的身上
	RP3	3.自愿承担不属于自己的职责，积极帮助那些工作量繁重的同事，帮助同事分忧解难
	RP4	4.主动解决工作中的问题，为公司的管理决策提供好的建议
	RP5	5.培养个人自律性和自控精神，即使上级管理人员不在场也按照指令做事
	RP6	6.自愿做许多有利于公司利益的工作
	RP7	7.认同组织价值，认为在组织中能够发挥自己的能力，为了组织成功努力工
	RP8	8.关心组织前途，认为组织值得为之工作，为了组织的利益，牺牲个人利益
	RP9	9.要求安排具有挑战性的工作任务，密切关注工作中的重要细节
	RP10	10.注意个人形象，举止礼貌，有修养
	RP11	12.能够履行工作说明书中的职责要求，完成工作任务
	RP12	13.能合理处理计划外被安排的工作任务

续表

维度	编码	题项
任务 绩效	TP1	16.工作效率明显高于平均水平
	TP2	17.工作成绩在数量方面明显高于平均水平
	TP3	18.工作成绩在质量方面明显高于平均水平

六、控制变量

根据前人的经验，选取样本企业和员工基本特征的户籍、工作年限、工作职位性质、企业所有制类型、企业规模、企业的地位6项指标为控制变量。

上述各变量都通过了信度和效度检验（变量中没有通过检验的题项直接删减）所以我们认为在模型中用单一衡量指标取代多重衡量指标是可行的（谢洪明等，2007）。因此本书在总体报酬的四因子、工作特征五因子、成就动机二因子和人力资本投资三因子的衡量模式当中，以各个潜变量的测度题项得分的均值作为该变量的值，再由第一级变量（如薪酬、福利、绩效与工作生活平衡、认可与职业发展），作为二级变量（总体报酬）的多重衡量指标。这样可有效缩减衡量指标的数目（总体报酬由28个题项转化为4个一级自变量）而且也能确保测度的有效性和可靠性。

总体报酬的值是由薪酬、福利、绩效与工作生活平衡、认可与职业发展计算算术平均数来取值；工作特征的值由海克曼和奥德海姆的计算激励潜能的公式计算：（技能多样性+任务完整性+任务重要性）×工作自主性×工作反馈；人力资本投资的值由通用人力资本投资、专用人力资本投资、创新人力资本投资的算术平均数取值；成就动机的取值是由追求成就动机—避免失败动机计算获得；绩效的值是由关系绩效和任务绩效的算术平均数来取值。

第三节 样本量的确定与数据收集

一、样本量的确定

本研究通过因子分析检验各变量的建构效度，因子分析的可靠性不仅与样本的抽样有关，而且与样本数量的多少关系更密切。为了提高因子分析的可靠性，验证变量的建构效度，样本数量应该是越大越好，因为问卷调查几乎都是抽样调查，所以样本量不可能无限大，究竟样本量多大适合，学者的研究结论不一致。样本数量的确定主要是从两个方面来进行，一方面是从样本的绝对数量来判断，200是一个重要的下线，300左右是好的，500左右是非常好的，1000左右是相当理想的（Comrey 和 Lee，1992）；另一方面是从样本的相对数量来判断，测试样本数量最好为量表题项的5倍（Gorsuch，1983），如果样本数量是量表题项的10倍，则结果会更有稳定性。量表的题项数并非问卷总题项数，而是问卷中包含题项数最多的那份量表的题项数。本研究预测试问卷中，总体报酬量表题项最多，有29个题项，有效问卷回收401份，样本量与量表最多题项数之比是13∶1，高于稳定性的10∶1；正式问卷中，总体报酬量表题项最多，有28个题项，有效回收问卷864份，样本量与量表最多题项数之比大于30∶1，经过分析和验证，把预测试的样本数据和正式测试的样本数据整合为分析样本数据，不仅满足了相对数量的要求，而且满足了绝对数量的要求，因此，本研究的样本量充分满足了因子分析的要求。

二、预测试数据收集

2016年7月初，采用判断抽样发放预测试问卷。样本对象分布有上市公司、非上市公司；由国有企业和民营企业；有高科技企业和传统企

业，保证测试样本的典型性和代表性。问卷共有92个题项，其中总体报
酬29个题项，工作特征15个题项，人力资本投资18个题项，成就动机
12个题项，创新绩效18个题项。样本来自太原、平遥和长治的20家企
业，共发放问卷460份，回收401份。对回收的问卷进行整理分析，根
据前文所述判断无效问卷的标准，剔除无效问卷，剩余有效问卷376
份，问卷的有效回收率81.7%。

三、正式测试数据收集

正式测试阶段，本研究采用经测试修订而得的正式测试问卷，问卷
供85个题项，其中总体报酬28个题项，工作特征15个题项，人力资本
投资17个题项，成就动机10个题项，绩效15个题项。2016年7月中旬
到10月，正式测试阶段采用便利抽样的方法从全国26个省、市、自治
区获取样本，共发放1540份问卷，回收864份。对回收的问卷进行整理
分析，根据前文所述判断无效问卷的标准，剔除无效问卷，剩余有效问
卷775份，问卷的有效回收率50.3%。

相比测试问卷，正试问卷只是进行了题项的删减和变量维度的调
整，没有增加新的题项，只要通过两独立样本T检验，可以把正式问卷
的有效问卷和测试问卷的有效问卷进行整合，775+376=1151，作为本研
究的样本数据。

第四节　数据分析方法

本研究对收集的数据分析主要是采用SPSS21.0、AMOS21.0统计分
析软件作为分析工具，一方面我们采用SPSS21.0对数据进行描述性统计
分析、信度和效度分析、相关分析和回归分析；另一方面我们用
AMOS21.0用于验证性因子分析（区分度分析）。

一、描述性统计分析

描述性统计主要是对收集的原始数据经整理后变成有意义的信息或统计量，数据处理的方法主要有频数分析表、以数据的各项统计量表来表示。频数分析是描述性统计最常用的方法，本研究采用SPSS21.0对样本的个人信息包括性别、年龄、婚姻状况、血型、本企业的工作年限、教育水平、工作与专业是否相符、工作职位性质、工作职位层次；对企业的所有制类型、企业的产业类型、企业类型、企业规模、企业的行业地位等进行频数分析，以频数分析表展现样本的分布情况。

在样本进行分析的基础上，对所有80个题项进行描述性统计分析，已检验题项样本的正态分布情况，只有在正态分布的情况下，才能满足独立样本T检验的前提条件。通过描述性统计分析，各题项的样本分布属于正态分布，就可以进行变量计算和换算，也就是可以对变量进行描述性统计分析。

二、两独立样本 T 检验

为了防止共同方法偏差，问卷调研采用多渠道进行调研和收集，不同渠道调研的样本数据存在一个整合的问题，不同渠道样本能否整合取决于两组样本是否能够通过两独立样本T检验。样本能否进行两独立样本T检验取决于两个条件：一是样本是否独立；二是样本是否服从正态分布（描述性统计分析）。只有样本满足了条件，才能进行两独立样本T检验。

三、探索性因子分析

探索性因子分析是检验量表建构效度的常用方法，它通过主成分分析法或者共同因素分析方法抽取成分和因素，达到数据降维的目的。本研究所使用的量表有国外成熟量表、结合中国实际修订的量表和借鉴现有量表补充开发的量表，在中国情境下的有效性和适用性需要进一步检验。因此，本研究采用探索性因子分析对总体报酬、工作特征、人力资本投资、成就动机和创新绩效进行建构效度的检验。

进行探索性因子分析，先进行 KMO 和 Barlett 球星检验以判断题项是否适合做因子分析。因素数目的挑选标准用学者 Kaiser（1974）所提供的准则：选取特征值大于 1 的因素，因素分析的题项数最好不要超过 30 题，题项平均共同性最好在 0.7 以上。Barlett 球星检验的卡方值如果达到 0.05 的显著水平，表示各题项有共同因素，适合进行因子分析。

因子分析时，由萃取后的少数因子构念解释所有观察变量的总变异量，我们采取吴明隆（2010）的标准，萃取后保留的因素联合解释变异量能达到 50% 以上，是可以接受。因子载荷多大合适，Tabachnick 和 Fidell（2007）从个别共同因素可以解释题项变量的差异程度，提出因素符合量选取的指标准则。本研究采用因子载荷大于 0.45 的最低标准。

四、信度分析

信度是指量表工具所测得结果的稳定性和一致性，量表的信度越大，则其测量标准误越小。在态度量表法中常用检验信度的为 L.J.Cronbach 所创的 α 系数，其公式为

$$\alpha = \frac{K}{K-1}\left(1 - \frac{\sum S_i^2}{S^2}\right)$$

式中，K 为量表所包括的总题项；$\sum S_i^2$ 为量表题项的方差和；S^2 为量表题项加总后方差。

α 系数值的取值范围为 [0，1]，Guiford 和 Fruchter 认为 α 信度系数大于 0.7 为高信度，α 信度系数大于 0.35 而小于 0.7 时，都可以接受，若小于 0.35 则为低信度，应予拒绝。Nunnally（1978）认为 α 值等于 0.7 是一个较低但可以接受的量表边界值；吴明隆（2010）认为分量表的最低内

部一致性系数要在0.5以上，最好能高于0.6，而整体量表的内部一致性系数要在0.7以上，最好能高于0.8。本研究在信度分析时，结合以上三位学者的观点，分量表维度内部一致性系数在0.35以上，分量表的内部一致性系数在0.7以上，整体量表的内部一致性系数在0.8以上为判断准则。

五、验证性因子分析

验证性因子分析是检验因子结构模型与实际数据的拟合程度，通过用整合的样本数据对总体报酬、工作特征、人力资本投资、成就动机和创新绩效进行验证性因子分析。

本研究主要选取χ^2/df、RMSEA、CFI、TLI等拟合指标来判断模型与数据的拟合程度。由于χ^2值检验最适宜的样本量为100~200，本研究的样本为1151，因此采用χ^2/df，如果$\chi^2/\mathrm{df}\leqslant3$表示模型与实际数据的拟合良好，如果$\chi^2/\mathrm{df}\leqslant5$表示模型与实际数据的拟合可以接受。RMSEA是近似误差均方根，一般的判断标准是RMSEA$\leqslant0.08$，表示模型拟合良好。CFI是比较拟合指数，TLI是非范拟合指数，一般而言，它们的值均为0.9以上，表明模型拟合较好。

六、相关分析

相关分析是分析变量之间相关性的数量分析方法，常用双尾相关系数来精确反映变量间线性相关程度的强弱。本研究用SPSS21.0计算总体报酬、工作特征、人力资本投资、成就动机和创新绩效之间以及这五个变量各维度之间相关系数。相关系数的取值在[-1，1]，相关系数大于0，说明变量之间是正相关；相关系数小于0，表示变量之间负相关；相关系数等于0，说明变量之间不存在线性关系。相关系数的绝对值小于

0.3为弱相关，相关系数的绝对值大于0.3且小于0.5为低度相关，相关系数的绝对值大于0.5且小于0.8为中度相关，相关系数的绝对值大于0.8为高度相关。

七、回归分析

回归分析是通过回归方程的形式描述和反映变量之间数量变化规律的数量分析方法。本研究通过SPSS21.0和脚本运行软件，采用一元线性回归和多元回归分析对自变量总体报酬和工作特征及其各维度、因变量创新绩效、中介变量人力资本投资及其各维度、调节变量成就动机之间的因果关系进行分析，验证总体报酬、工作特征与员工创新绩效的运作机制。

第五节 小结

为了保证问卷调查法的科学性和客观性，根据构建的理论模型中的变量，借鉴、修订和补充相关量表，具体设计的原则采用Likert量表5点分类法设计预测试问卷，通过和专家学者的沟通和探讨，结合预测试的分析结果确定正式调研问卷。

为了有效控制和消除同源方差，采用多渠道、广覆盖的原则，从样本的选择标准、样本来源的渠道设计和问卷的发放和回收三个方面进行控制，保证了问卷调查的科学性和合理性。

对于样本数据的处理，利用SPSS21.0和AMOS21.0分析样本数据，具体分析的程序和过程按照描述性统计分析、两独立样本 T 检验、探索性因子分析、信度分析、验证性因子分析、相关分析和回归分析等设计步骤依次进行，保证研究的严谨性和学术的规范性。

第五章 问卷的描述性统计分析和信度效度检验

根据实证研究的需要，本书采用Likert5级量法（1=非常不符合，5=非常符合）设计问卷，在选择样本时，我们做了相应的规定：（1）样本必须是独立的法人实体；（2）样本必须具有具体的经营业务；（3）样本必须是雇佣8人以上。

本研究采用多渠道、广覆盖的原则在全国26个省、市、自治区进行问卷调研，以消除同源方差，首先，在太原、长治、平遥三地16家企业上门做预调研，根据数据分析的反馈对问卷做了修改，使之更加符合中国的国情，比如总体报酬的五分类法改为四分类法，问卷题项有92道题调整修订为85道题，其中信度不能通过检验删除4道题，因为成就动机是配对问卷，因此，删除5道题，效度达不到要求删除2道题，并根据填写时员工的反映对问卷的具体措辞进行了部分修改，确保填写人员能够充分理解各个题项。再次，从2016年7月到10月，在全国26个省市自治区进行调研，总回收1265份,有效问卷1151份，有效回收率57.55%，符合国际上对有效问卷回收率的要求。

第一节　描述性统计分析

一、样本员工基本情况

本研究的员工样本描述主要对性别、户籍、年龄、学历、工作年限、工作专业、职位性质、职位层次等指标进行分析。

在1151份有效问卷中，本次访问的调查对象从性别上分布是男性占比53.2%，女性占比为46.8%；户籍的分布是城市户口占比56.3%，农村户口占比为43.7%；他们的分布状况与我国人口特征和城镇化率相一致。从年龄分布看，25岁以下占比21.9%，25~35岁占比41.7%，36~45岁占比26%，46岁以上占比10.4%，年龄以25~45岁为主，主占比67.7%；从学历的分布看，高中以下的占比为17%，大专占比31.3%，本科占比44.7%，硕士以上占比6.9%，学历以大专和本科为主占比76%；工作年限分布，1年以下的占比15.3%，1~3年占比31.2%，3~5年的占比23.1%，5~7年的占比10.7%，7年以上的占比19.7%，1~7年占比65%；员工从年龄、学历和工作年限都符合正态分布。从调查对象职位看，技术占比32.5%，管理占比33%，生产占比19.5%，售后服务占比15.1%；从职位层次来看，基层占比53.87%，中高层占比46.13%；工作与专业相符的占比43.96%，不相符的占比56.04%。调查对象的详细分布频率和百分比见表5-1。

表5-1 调查样本的基本特征

样本		频率	百分比	样本		频率	百分比
性别	男	612	53.2	户籍	城市户口	648	56.3
	女	539	46.8		农村户口	503	43.7
	合计	1151	100		合计	1151	100
年龄	25岁以下	252	21.9	学历	高中及以下	196	17
	25~35岁	480	41.7		大专或高职	360	31.3
	36~45岁	299	26		本科	515	44.7
	46~55岁	111	9.6		硕士	76	6.6
	56岁以上	9	0.8		博士	4	0.3
	合计	1151	100		合计	1151	100
职位性质	生产	225	19.5	工作年限	1年以下	176	15.3
	技术	372	32.3		1~3年	359	31.2
	管理	380	33		3~5年	266	23.1
	销售服务	174	15.1		5~7年	123	10.7
	合计	1151	100		7年以上	227	19.7
职位层次	基层	620	53.87		合计	1151	100
	中层	416	36.14	工作专业	相符	506	43.96
	高层	115	9.99		不相符	645	56.04
	合计	1151	100		合计	1151	100

注：N（样本数量）=1151。

根据表5-1的数据，我们把年龄、学历、工作年限和工作职位的类型职位分别做直方图，如图5-1、图5-2、图5-3和图5-4所示。

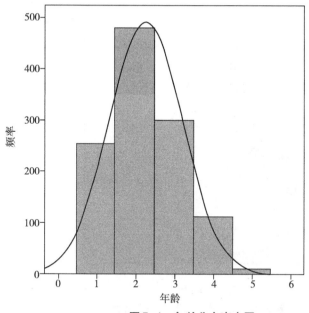

均值=2.26
标准偏差=0.932
N=1151

图5-1　年龄分布直方图

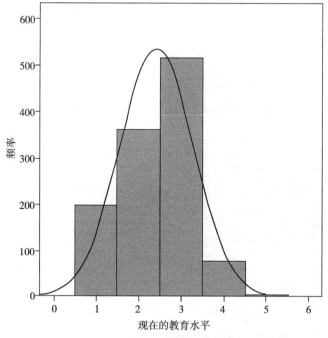

均值=2.42
标准偏差=0.859
N=1151

图5-2　教育水平分布直方图

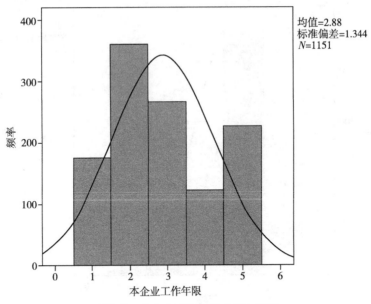

图5-3 本企业工作年限分布直方图

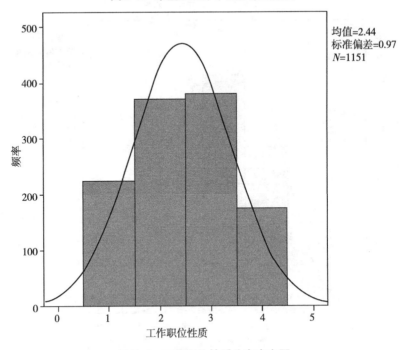

图5-4 工作职位性质分布直方图

二、样本企业基本情况

在1151份有效问卷中，受访企业的具体分布情况：从产业类型上看，第一产业占比34.8%，第二产业占比34.7%，第三产业占比30.5%；企业的所有制类型看，国有占比33.2%，民营占比55.8%，外商投资占比11%；企业规模以中小企业占比65.1%为主。从产业类型、所有制类型和企业规模等指标看，符合中国企业的特征，保证了样本企业的的代表性和典型性。样本企业具体的频率和分布见表5-2。

表5-2　调查样本企业的基本特征

样本		频率	百分比	样本		频率	百分比
产业类型	第一产业	401	34.8	所有制类型	国有	382	33.2
	第二产业	399	34.7		民营	642	55.8
	第三产业	351	30.5		外商投资	127	11
	合计	1151	100		合计	1151	100
企业类型	高科技企业	432	37.5	企业规模	100人以下	311	27
	传统企业	719	62.5		101~300	253	22
	合计	1151	100		301~500	185	16.1
行业地位	领先型	439	38.1		501~1000	123	10.7
	中等匹配型	634	55.1		1001以上	279	24.2
	拖后型	78	6.8		合计	1151	100
	合计	1151	100				

注：N=1151。

根据表5-2的数据，我们把所有制类型、产业类型和企业规模分别做直方图，如图5-5、图5-6和图5-7所示。

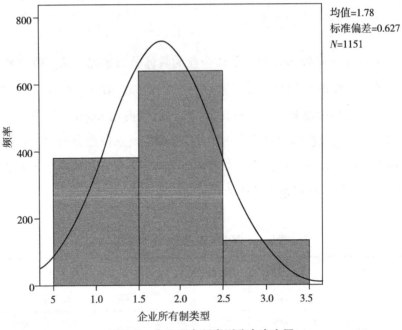

图 5-5 企业所有制类型分布直方图

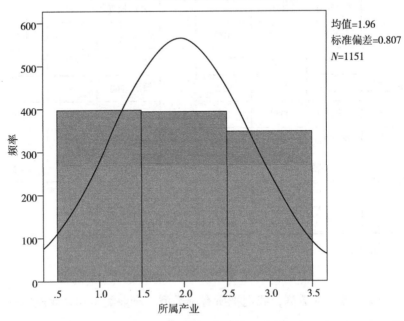

图 5-6 企业的产业类型分布直方图

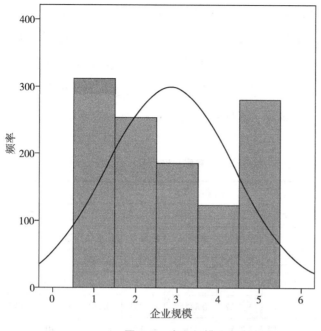

图5-7　企业规模分布直方图

　　从表5-1和表5-2可知，调研员工在性别、年龄、学历等员工个人特征的分布与中国的实际相一致；样本企业在企业规模、所有制类型、企业类型和产业分布看，分布较为均衡，能够较好地代表中国企业。本研究从样本企业特征和调研员工特征的分析结果，调研样本具有很好的代表性，使得调查问卷的信度和效度得到有效的保证。

三、问卷数据描述

　　前文已经把样本企业和调研员工的基本情况进行了描述性分析，接下来要对测试的问卷题项和变量进行描述性统计分析。本研究采用SPSS21.0进行描述性统计量，首先，对问卷所有题项的描述性统计量包括均值、标准差、偏度、偏度标准差、峰度、峰度标准差等指标进行分析，详见附录3。从附录3可以看出，各测量题项的偏度绝对值小于1，峰度绝对值小于1，符合Kline（1998）对描述性统计量的判断标准：偏度绝对值小于3，峰度绝对值小于10，说明所有题项的数据服从正态分布，可以进行下一步的分析检验。其次，基于研究的需要，把正态分布的各题项的数据整合成变量，才有助于进行具有实际意义的分析，因此对各变量进行描述性统计，具体结果见表5-3。

表5-3　变量描述统计量

变量	N	均值	标准差	偏度		峰度	
	统计量	统计量	统计量	统计量	标准误	统计量	标准误
TR	1151	3.2306	0.64685	−0.078	0.072	0.198	0.144
TR1	1151	3.1414	0.76377	−0.111	0.072	−0.205	0.144
TR2	1151	3.3232	0.84183	−0.251	0.072	−0.063	0.144
TR3	1151	3.2356	0.72536	−0.159	0.072	0.040	0.144
TR4	1151	3.2224	0.72349	−0.062	0.072	0.068	0.144
JC	1151	33.6980	19.60459	1.408	0.072	2.779	0.144
JC1	1151	3.1237	0.70940	−0.034	0.072	−0.038	0.144
JC2	1151	3.1958	0.75597	−0.023	0.072	−0.038	0.144
JC3	1151	3.0492	0.81025	−0.078	0.072	−0.058	0.144
JC4	1151	3.0779	0.79468	0.050	0.072	−0.143	0.144
JC5	1151	3.2326	0.72437	−0.040	0.072	0.138	0.144
HCI	1151	3.4725	0.69352	0.088	0.072	−0.310	0.144
HCI1	1151	3.5169	0.86435	−0.071	0.072	−0.514	0.144
HCI2	1151	3.5178	0.76380	−0.019	0.072	−0.350	0.144
HCI3	1151	3.3829	0.73403	0.098	0.072	−0.188	0.144
ACM	1151	0.3336	0.95063	0.789	0.072	1.520	0.144
ACM1	1151	3.5075	0.74282	−0.114	0.072	−0.101	0.144
ACM2	1151	3.1739	0.78091	−0.036	0.072	−0.089	0.144
P	1151	3.4899	0.69731	−0.011	0.072	−0.121	0.144

续表

TP	1151	3.3944	0.80927	−0.012	0.072	−0.138	0.144
RP	1151	3.5854	0.75550	−0.039	0.072	−0.444	0.144
有效的 N（列表状态）	1151						

注：$N=1151$。

从表5-3和附录3可以看出，各题项和各变量的描述性统计量的分析结果，偏度小于1.5，峰度小于2.8，说明样本的各题项和各变量都服从正态分布，可以进行下一步分析检验。

第二节　信度和效度检验

为了保证问卷调研的广泛性和代表性，问卷调研分两步进行：第一步是进行问卷的测试调研；第二步是在多渠道、广覆盖的原则下，进行全国范围的正式调研。

一、差异性检验

为了提高样本问卷的充分性和代表性，考虑将预测试问卷和正式问卷的样本数据进行整合，从样本题项和变量的描述性统计分析结果看，样本数据服从正态分布，而且预测试和正式测试是针对不同的调研范围、不同的调研对象，相互之间没有任何关联，相互独立；从预测试问卷和测试问卷的题项看，预测是问卷的题项包括了正式问卷的所有题项，因此预测试的样本数据和正式测试的样本数据符合两独立样本 T 检验的前提条件。由于在预调研的时候，为了测试问卷量表的典型性和代表性，通过抽样选取国有企业、上市公司、高新技术企业和金融公司的比例超过了正式调查的比例，才导致部分题项评分高有差异，结合第四章第二节中对变量题项和变量的描述性统计分析结果，该统计结果可以接受，可以利用整合数据进行下一步的相关检验分析。

二、信度检验

信度检验一般用信度系数 α 来判定。信度系数 α 越大，变量内部一致性越强。本研究用 SPSS21.0 对总体报酬、工作特征、人力资本投资、成就动机和绩效五个变量进行信度分析，考察变量维度的信度系数 α 值，变量的信度系数 α 值，整体的信度系数 α 值，结合题项的 CITC 值和项目删除时的信度系数 α 值，共同考察量表的内部一致性。结合三位学者的意见，本研究采用的判断准则：变量维度测验的 α 信度系数 0.35 以上，变量表的 α 信度系数 0.7 以上，问卷整体的 α 信度系数 0.8 以上。

运用 SPSS21.0 统计分析软件对总体报酬、工作特征、人力资本投资、成就动机和创新绩效五个变量进行信度分析，具体结果见表5-4～表5-8。

表5-4　总体报酬量表的内部性一致性信度分析结果

维度	编码	CITC	已删除的 Cronbach's α 值	各维度的 Cronbach's α 值	总体报酬的 Cronbach's α 值	问卷整体的 Cronbach's α 值
薪酬（P）	P1	0.591	0.822	0.843	0.934	0.911
	P2	0.601	0.821			
	P3	0.656	0.811			
	P4	0.652	0.811			
	P5	0.674	0.806			
	P6	0.560	0.830			
福利（B）	B1	0.549	0.758	0.791		
	B2	0.583	0.750			
	B3	0.583	0.750			
	B4	0.578	0.751			
	B5	0.504	0.769			
	B6	0.464	0.778			

续表

维度	编码	CITC	已删除的Cronbach's α值	各维度的Cronbach's α值	总体报酬的Cronbach's α值	问卷整体的Cronbach's α值
绩效与工作生活平衡（PW）	PW1	0.492	0.824	0.834		
	PW2	0.567	0.814			
	PW3	0.605	0.809			
	PW4	0.610	0.808			
	PW5	0.530	0.818			
	PW6	0.600	0.809			
	PW7	0.541	0.817			
	PW8	0.546	0.816			
认可与职业发展（RD）	RD1	0.559	0.840	0.854		
	RD2	0.509	0.846			
	RD3	0.640	0.830			
	RD4	0.613	0.834			
	RD5	0.602	0.835			
	RD6	0.606	0.835			
	RD7	0.593	0.836			
	RD8	0.629	0.832			

资料来源：根据样本数据由作者整理而得。

表5-5　工作特征量表的内部性一致性信度分析结果

维度	编码	CITC	已删除的Cronbach's α值	各维度的Cronbach's α值	工作特征的Cronbach's α值	问卷整体的Cronbach's α值
技能多样性	JC1	0.343	0.289	0.474	0.819	0.911
	JC2	0.360	0.263			
	JC3	0.193	0.551			
任务完整性	JC4	0.275	0.345	0.446		
	JC5	0.371	0.171			
	JC6	0.184	0.511			

续表

维度	编码	CITC	已删除的Cronbach's α值	各维度的Cronbach's α值	工作特征的Cronbach's α值	问卷整体的Cronbach's α值
任务重要性	JC7	0.447	0.309			
	JC8	0.351	0.466	0.551		
	JC9	0.294	0.559			
工作自主性	JC10	0.394	0.291			
	JC11	0.398	0.281	0.509		
	JC12	0.197	0.613			
反馈性	JC13	0.373	0.223			
	JC14	0.321	0.310	0.467		
	JC15	0.186	0.551			

资料来源：根据样本数据由作者整理而得。

表5-6　人力资本投资量表的内部性一致性信度分析结果

维度	编码	CITC	已删除的Cronbach's α值	各维度的Cronbach's α值	人力资本投资Cronbach's α值	问卷整体Cronbach's α值
通用人力资本投资意愿(HCI1)	HCI11	0.554	0.764			
	HCI12	0.660	0.708	0.791		
	HCI13	0.619	0.730			
	HCI14	0.571	0.753			
专用人力资本投资意愿(HCI2)	HCI21	0.569	0.797		0.914	0.911
	HCI22	0.624	0.786			
	HCI23	0.599	0.791			
	HCI24	0.608	0.789	0.822		
	HCI25	0.577	0.796			
	HCI26	0.547	0.802			

续表

维度	编码	CITC	已删除的 Cronbach's α值	各维度的 Cronbach's α值	人力资本投资 Cronbach's α值	问卷整体 Cronbach's α值
创新人力资本投资（HCI3）	HCI31	0.528	0.820	0.834		
	HCI32	0.587	0.811			
	HCI33	0.611	0.807			
	HCI34	0.580	0.812			
	HCI35	0.589	0.810			
	HCI36	0.574	0.813			
	HCI37	0.610	0.807			

资料来源：根据样本数据由作者整理而得。

表5-7　成就动机量表的内部性一致性信度分析结果

维度	编码	CITC	已删除的 Cronbach's α值	各维度的 Cronbach's α值	成就动机的 Cronbach's α值	问卷整体 Cronbach's α值
追求成功（ACM1）	ACM11	0.453	0.726	0.748	0.742	0.911
	ACM12	0.529	0.698			
	ACM13	0.573	0.680			
	ACM14	0.505	0.706			
	ACM15	0.505	0.706			
避免失败（ACM2）	ACM21	0.454	0.715	0.741		
	ACM22	0.535	0.684			
	ACM23	0.517	0.691			
	ACM24	0.518	0.691			
	ACM25	0.495	0.699			

资料来源：根据样本数据由作者整理而得。

表5-8 绩效量表的内部性一致性信度分析结果

维度	编码	CITC	已删除的 Cronbach's α值	各维度的 Cronbach's α值	绩效的 Cronbach's α值	问卷整体 Cronbach's α值
关系绩效（RP）	RP1	0.663	0.900	0.909	0.914	0.911
	RP2	0.677	0.900			
	RP3	0.603	0.903			
	RP4	0.615	0.903			
	RP5	0.688	0.899			
	RP6	0.680	0.900			
	RP7	0.661	0.901			
	RP8	0.597	0.904			
	RP9	0.628	0.902			
	RP10	0.652	0.901			
	RP11	0.625	0.902			
	RP12	0.593	0.904			
任务绩效（TP）	TP1	0.490	0.687	0.717		
	TP2	0.561	0.598			
	TP3	0.561	0.599			

资料来源：根据样本数据由作者整理而得。

从表5-4到表5-8可以看出，问卷整体的信度系数 α 值是0.911，大于0.8，满足了对总量表的信度要求；各个变量的信度均在0.717以上，大于0.7，满足了分量表的信度要求，变量各维度的信度均在0.446以上，各题项的项目删除时的信度系数 α 值都小于所在分量表的信度系数 α 值。

表5-6中原题项HCI12、表5-7中原题项ACM22和表5-8中原题项

第24题和第25题，由于项目删除时的信度系数 α 值都大于所在分量表的信度系数 α 值，应予以剔除，剔除信度不够的题项，原分量表的信度水平较高。表4.6中原题项 JC3、JC6、JC9、JC12和JC15，由于它们是反向语题项，因此由于项目删除时的信度系数 α 值都大于所在分量表的信度系数 α 值，应予以保留。

从以上量表的分析，各个量表的信度分析结果较好，量表可以接受。

三、效度检验

(一)效度分析

本研究的量表主要是选自国内外成熟的量表，经过预测试修订而成，其内容效度具有一定的保证；同时，量表基于内在报酬和外部报酬相结合与员工绩效的研究，属于探索性研究，很难找到相应的准则来进行检验；借鉴国外成熟量表和对国内量表进行修订和补充，是否符合中国情景，需要对量表的结构效度进行检验。

结构效度检验通常用探索性因子分析方法，首先进行 KMO 检验，当 KMO 统计量大于0.7时可以接受；其次进行 Bartlett 球星检验，当检验的统计量显著时，可以做因子分析。

本研究用 SPSS21.0 对总体报酬、工作特征、人力资本投资、成就动机和绩效五个变量进行探索性因子分析来检验量表的建构效度，采用的判断准则为：KMO 统计量大于0.7；主成分因子共同解释总体的变异量大于0.5；题项因子标准负荷大于0.45；Bartlett 球星检验统计量显著。运用 SPPSS21.0 统计分析软件进行的效度分析，分析结果见表 5-9。

表 5-9 KMO 和 Bartlett 的检验表

二阶潜变量	一阶潜变量	题项数	标准负荷	标准差	KMO 和 Bartlett 的检验			
					KMO	Bartlett 的球形度检验		
						近似卡方	df	Sig.
TR	TR$_1$	6	0.798	0.764	0.96	12958.316	378	0
	TR$_2$	6	0.708	0.842				
	TR$_3$	8	0.831	0.725				
	TR$_4$	8	0.831	0.723				
JC	JC$_1$	3	0.724	0.709	0.87	3609.216	105	0
	JC$_2$	3	0.677	0.756				
	JC$_3$	3	0.613	0.81				
	JC$_4$	3	0.659	0.795				
	JC$_5$	3	0.723	0.724				
HCI	HCI$_1$	4	0.763	0.743	0.95	7586.905	136	0
	HCI$_2$	6	0.881	0.781				
	HCI$_3$	7	0.808	0.864				
ACM	ACM$_1$	5	0.744	0.764	0.84	2829.321	55	0
	ACM$_2$	5	0.318	0.734				
P	RP	12	0.909	0.756	0.954	7161.764	105	0
	TP	3	0.717	0.809				

资料来源：根据样本数据由作者整理而得。

从表 5-9 可以看出，各因子的 KMO 统计量均大于 0.871，而且 Bartlett 球星检验统计量都在 0.000 的水平上显著，并且各变量的因子标准负荷都大于 0.613，ACM2 的 0.318 是避免失败动机的反向题项，表明问卷的量表具有较高的效度。

对于总体报酬、人力资本投资、成就动机和绩效的探索性因子分析结果见附录 4 到附录 7。各个量表特征根大于 1 的因子分别有 5（最后的两个题项不能成为因子，和前面的福利题项是一体的，所以合并最后两个因子为一个因子，因此主成分的 5 个因子变为 4 个因子）、3、2、1，它们分别解释了 55.05%、55.17%、50.49%、49.54% 的变异量，几乎都大于 50% 的标准，而且除了总体报酬的第 19 题项和绩效的第 21 题项的载荷值小于0.45，剩余85个题项的旋转因子载荷值全部大于0.45，因此各个变量的探索性因子分析结果比较理想。

对于工作特征，我们按照既定因子进行探索性因子分析，具体结果见附录8。特征根大于1的因子分别解释了49.54%、48.259%、53.055%、51.4832%、49.368%的变异量，而且旋转因子载荷值全部大于0.45，因此工作特征既定因子的探索性因子分析结果可以接受。

（二）验证性因子分析（区分度检验）

为了检验变量的区分效度，通过验证性因子分析检验总体报酬、工作特征、人力资本投资、成就动机和创新绩效这五个变量的区分效度，首先，比较变量的平均变异抽取量AVE值，一般的检验是比较潜变量AVE的值与标准值0.5的比较，如果不同的变量大于0.5，说明它们是不同的潜变量，即不同的构念，根据表5-10的分析结果可以看出，所有潜变量及因子的AVE值都大于0.5，说明它们是不同的潜变量。

表5-10　验证性因素分析结果

二阶潜变量	一阶潜变量	题项数	标准负荷	标准差	AVE	AVE建议值	信度CR值	CR建议值
TR	TR_1	6	0.798	0.764	0.583		0.934	
	TR_2	6	0.708	0.842	0.708			
	TR_3	8	0.831	0.725	0.526			
	TR_4	8	0.831	0.723	0.523			
JC	JC_1	3	0.724	0.709	0.503	≥0.5	0.819	≥0.7
	JC_2	3	0.677	0.756	0.571			
	JC_3	3	0.613	0.81	0.656			
	JC_4	3	0.659	0.795	0.631			
	JC_5	3	0.723	0.724	0.524			
HCI	HCI_1	4	0.763	0.743	0.746		0.914	
	HCI_2	6	0.881	0.781	0.583			
	HCI_3	7	0.808	0.864	0.538			

续表

二阶潜变量	一阶潜变量	题项数	标准负荷	标准差	AVE	AVE建议值	信度CR值	CR建议值
ACM	ACM$_1$	6	0.744	0.764	0.609		0.763	
	ACM$_2$	5	0.318	0.734	0.551			
P	TP	3	0.717	0.753	0.654		0.914	
	RP	12	0.909	0.809	0.567			

资料来源：根据样本数据由作者整理而得。

其次，将拟合指数与所有模型（基准模型和备选模型）进行比较。区分效度是建构效度（结构效度）的一种，表示来自不同购面题项所代表的潜在变量之间差异性。

验证性因子分析结果见表5-11，四因子的备选模型各项拟合指标都明显优于基准模型和其他几个备选模型，再一次验证了总体报酬和工作特征是报酬的两个维度，证明了这四个变量的确是四个不同的构念。

表5-11 验证性因素分析结果

模型	CMIN	DF	CMIN/DF	CFI	TLI	RMSEA
基准模型 M0 TR,JC,ACM,HCI,P	12821.431	3475	3.69	0.768	0.762	0.048
备选模型 M1 TR+JC,ACM,HCI,P	0	0	0	1		0.099
备选模型 M2 TR+JC,ACM+HCI,P	13924.878	3482	3.999	0.741	0.734	0.051
备选模型 M3 TR+JC+ACM+HCI+P	19925.561	3569	5.583	0.599	0.589	0.063

资料来源：根据样本数据由作者整理而得。

四、相关分析

采用SPSS21.0统计分析软件对总体报酬、工作特征、人力资本投资、成就动机和员工绩效之间的相关性及它们的构成维度之间的相关性进行分析，Person相关系数矩阵见表5-12。

表5-12　变量的Person相关系数矩阵

	标准差	TR	JC	HCI	ACM	CP
TR	3.231	1				
JC	33.698	0.583**	1			
HCI	3.473	0.518**	0.457**	1		
ACM	0.334	0.097**	−0.011	0.321**	1	
P	3.490	0.496**	0.439**	0.741**	0.270**	1

注：（1）** 表示在0.01水平（双侧）上显著相关；（2）N=1151。

从表5-12可以看出，总体报酬与工作特征之间显著正相关，相关系数是0.583，为中度相关；总体报酬与人力资本投资显著正相关，相关系数是0.518，为中度相关；总体报酬与绩效显著正相关，相关系数是0.496，为中度相关；总体报酬与成就动机显著正相关，相关系数是0.097，为低度相关（弱相关）；工作特征与人力资本投资显著正相关，相关系数是0.457，为中度相关；工作特征与绩效显著正相关，相关系数是0.439，为中度相关；工作特征与成就动机不相关；人力资本投资与成就动机显著正相关，相关系数是0.321，为中度相关；人力资本投资与绩效显著正相关，相关系数是0.741，为中度相关；成就动机与创新绩效显著正相关，相关系数是0.343，为中度相关。

表5-13　变量各维度的Person相关系数矩阵

	均值	TR_1	TR_2	TR_3	TR_4	JC_1	JC_2	JC_3	JC_4	JC_5	TP	RP
TR_1	3.141	1										
TR_2	3.323	0.593**	1									
TR_3	3.236	0.639**	0.594**	1								
TR_4	3.222	0.688**	0.545**	0.697**	1							
JC_1	3.124	0.476**	0.403**	0.488**	0.476**	1						

续表

	均值	TR_1	TR_2	TR_3	TR_4	JC_1	JC_2	JC_3	JC_4	JC_5	TP	RP
JC_2	3.196	0.383**	0.353**	0.397**	0.441**	0.514**	1					
JC_3	3.049	0.357**	0.244**	0.333**	0.338**	0.455**	0.424**	1				
JC_4	3.078	0.417**	0.315**	0.439**	0.411**	0.433**	0.427**	0.478**	1			
JC_5	3.233	0.445**	0.390**	0.475**	0.459**	0.478**	0.474**	0.451**	0.518**	1		
TP	3.394	0.317**	0.300**	0.380**	0.342**	0.350**	0.328**	0.272**	0.319**	0.338**	1	
RP	3.585	0.384**	0.421**	0.449**	0.420**	0.413**	0.367**	0.198**	0.226**	0.396**	0.588**	1

注：（1）** 表示在 0.01 水平（双侧）上显著相关；（2）N=1151。

资料来源：根据样本数据由作者整理而得。

从表5-13可以看出，总体报酬的四个因子与工作特征的五个因子、人力资本投资三个因子和绩效显著正相关；工作特征的五个因子与人力资本投资的三个因子和绩效显著正相关；人力资本投资三个因子和绩效显著正相关。

第六章 总体报酬和工作特征对绩效的影响

根据第五章的描述性统计分析和信度效度检验结果，本研究的所有提项和变量都服从正态分析，结合两独立样本 T 检验的结果分析，对数据进行整合分析。通过信度和效度检验分析，有个别提项信度和效度不能符合统计分析的要求，予以删除，保证了实证分析的有效性和可靠性。

本研究以报酬和员工绩效的关系研究为主线，从广义的报酬包括外部报酬（总体报酬）和内在报酬（工作特征）（马尔托奇奥，2015）出发，分析与绩效的关系，Borman 和 Motowidl（1993）将工作绩效分为任务绩效和关系绩效，紧接着我们按照总体报酬和工作特征对与员工的任务绩效、关系绩效和绩效三个方面进行分析理论模型的主效应。

为了保证统计分析结果的完整性体现，我们把控制变量分别用数字来表示：户籍用1表示；本企业工作年限用2表示；工作职位性质用3表示；企业所有制类型用4表示；企业规模用5表示；企业的行业地位用6来表示。自变量总体报酬用 TR 表示，报酬、福利、绩效与工作生活平衡、认可与职业发展分别用 TR_1、TR_2、TR_3 和 TR_4 表示；工作特征用 JC 表示，技能多样性、任务完整性、任务重要性、自主性和反馈性分别用 JC_1、JC_2、JC_3、JC_4、JC_5；中介变量人力资本投资用 HCI 表示，通用人力资本投资、专用人力资本投资、匹配性人力资本投资分别用 HCI_1、HCI_2 和 HCI_3 表示。成就动机用 ACM 表示，规避风险和追求成就分别用 ACM_1 和 ACM_2 表示；绩效用 P 表示，任务绩效和关系绩效分别用 TP 和 RP 表示。

第一节 总体报酬和工作特征对员工绩效的回归分析

以总体报酬和工作特征为自变量，员工绩效为因变量进行一元线性回归，基于本研究是双自变量的研究对象，我们在进行统计分析时，加入了总分体报酬和工作特征的交互项，进行分层回归。首先把总体报酬和工作特征分别对绩效进行回归分析，其次把两个自变量和自变量的交互项进行回归分析，观察自变量对因变量的影响，以及交互项对因变量的影响。因为绩效包括任务绩效和关系绩效，所以本章节从任务绩效、关系绩效、绩效三个结果维度进行对比分析。

一、总体报酬和工作特征对员工任务绩效的影响研究

根据绩效的分类和分析步骤，总体报酬和工作特征对员工任务绩效的回归分析结果见表6-1。

表6-1 总体报酬和工作特征对员工任务绩效的回归分析结果

变量	M_1		M_2		M_3		M_4	
	B	t	B	t	B	t	B	t
常数项	3.396*** (0.172)	19.766	1.782*** (0.203)	8.793	2.763*** (0.164)	16.849	2.041*** (0.199)	10.268
1	-0.164*** (0.049)	-3.320	-0.102** (0.046)	-2.201	-0.143*** (0.045)	-3.143	-0.114** (0.045)	-2.540
2	0.041** (0.018)	2.219	0.045*** (0.017)	2.645	0.055*** (0.017)	3.260	0.054*** (0.017)	3.216
3	0.066*** (0.024)	2.725	0.032 (0.023)	1.406	0.041* (0.022)	1.837	0.029 (0.022)	1.324
4	0.080** (0.038)	2.099	0.040 (0.036)	1.113	0.038 (0.035)	1.099	0.028 (0.034)	0.811
5	0.038** (0.016)	2.366	0.043*** (0.015)	2.834	0.048*** (0.015)	3.186	0.048*** (0.015)	3.229

续表

变量	M_1		M_2		M_3		M_4	
	B	t	B	t	B	t	B	t
6	−0.174*** (0.041)	−4.207	−0.066* (0.040)	−1.669	−0.098** (0.039)	−2.555	−0.060 (0.038)	−1.555
TR			0.455*** (0.035)	13.034			0.324*** (0.056)	5.828
JC					0.016*** (0.001)	14.444	0.020*** (0.005)	3.985
TR×JC							−0.002* (0.001)	−1.833
R^2	0.062		0.184		0.207		0.235	
调整 R^2	0.057		0.179		0.202		0.229	
R^2更改			0.122		0.145		0.173	
F	12.671***		36.734***		42.638***		43.371***	

注：（1）*** 表示在0.01 水平（双侧）上显著相关，** 表示在 0.05 水平（双侧）上显著相关；（2）括号内数字为各变量的标准误差；（3）N=1151。

从表6-1可以看出，在控制变量模型 M_1 的基础上，加入总体报酬模型 M_2 所示，任务绩效和总体报酬显著正相关（β=0.455，p<0.01，模型 M_2），假设1a得到了支持；同理，在控制变量模型 M_1 的基础上，加入工作特征模型 M_3 所示，任务绩效和工作特征显著正相关（β=0.016，p<0.01，模型 M_3），假设2a得到了支持；最后，在控制变量模型 M_1 的基础上，加入总体报酬、工作特征和总体报酬与工作特征的交互项模型 M_4 所示，任务绩效分别与总体报酬（β=0.324，p<0.01，模型4）和工作特征（β=0.020，p<0.01，模型4）显著正相关，任务绩效与总体报酬和工作特征的交互项负相关（β=−0.002，p<0.1，模型4）进一步验证了假设1a和假设2a。

从表6-1的分析结果可以看出，总体报酬和工作特征都显著正向影响员工的任务绩效，有助于提高员工的任务绩效，而且如众多专家所研究的结果内在激励和外在激励存在弱化现象的现象在我们的研究中也得到证实，总体报酬和工作特征的交互作用负向影响员工的任务绩效，但是弱化效应比较微弱。

二、总体报酬和工作特征对员工关系绩效的影响研究

前文已经分析和研究了总体报酬和工作特征对员工任务绩效的研究分析，接下来我们分析和研究总体报酬和工作特征对员工关系绩效的回归分析见表6-2。

表6-2 总体报酬和工作特征对员工关系绩效的回归分析结果

变量	M_1		M_2		M_3		M_4	
	B	t	B	t	B	t	B	t
常数项	3.355*** (0.155)	21.600	1.454*** (0.173)	8.381	2.792*** (0.149)	18.777	1.388*** (0.210)	6.609
1	-0.140*** (0.045)	-3.142	-0.067* (0.040)	-1.696	-0.122*** (0.041)	-2.948	-0.072* (0.039)	-1.838
2	0.099*** (0.017)	5.935	0.104*** (0.015)	7.084	0.111*** (0.015)	7.259	0.108*** (0.014)	7.473
3	0.082*** (0.022)	3.777	0.043** (0.019)	2.190	0.060*** (0.020)	2.986	0.041** (0.019)	2.117
4	0.092*** (0.034)	2.675	0.045 (0.030)	1.465	0.055* (0.032)	1.736	0.040 (0.030)	1.335
5	0.046*** (0.015)	3.145	0.052*** (0.013)	3.972	0.054*** (0.014)	4.012	0.055*** (0.013)	4.255
6	-0.206*** (0.037)	-5.493	-0.078** (0.034)	-2.310	-0.138*** (0.035)	-3.960	-0.075** (0.033)	-2.255

续表

变量	M_1		M_2		M_3		M_4	
	B	t	B	t	B	t	B	t
TR			0.536*** (0.030)	17.938			0.480*** (0.048)	9.895
JC					0.014*** (0.001)	14.182	0.014*** (0.004)	3.224
TR×JC							−0.002* (0.001)	−1.811
R^2	0.121		0.314		0.252		0.335	
调整R^2	0.116		0.31		0.248		0.33	
R^2更改			0.183		0.131		0.214	
F	26.156***		74.674***		55.073***		63.800***	

注：（1）*** 表示在 0.01 水平（双侧）上显著相关，** 表示在 0.05 水平（双侧）上显著相关；（2）括号内数字为各变量的标准误差；（3）$N=1151$。

从表6-2可以看出，在控制变量模型 M_1 的基础上，加入总体报酬模型 M_2 所示，总体报酬显著正向影响员工的关系绩效（$\beta=0.536$，$P<0.01$，模型 M_2），假设 1b 得到了支持；同理，在控制变量模型 M_1 的基础上，加入工作特征模型 M_3 所示，工作特征显著正向影响员工的关系绩效（$\beta=0.014$，$P<0.01$，模型 M_3），假设 2b 得到了支持；最后，在控制变量模型 M_1 的基础上，加入总体报酬、工作特征和总体报酬与工作特征的交互项模型 M_4 所示，关系绩效分别与总体报酬（$\beta=0.480$，$P<0.01$，模型4）和工作特征（$\beta=0.014$，$P<0.01$，模型4）显著正相关，关系绩效与总体报酬和工作特征的交互项负相关（$\beta=-0.002$，$P<0.1$，模型4）进一步验证了假设 1b 和假设 2b。

从表6-2的分析结果可以看出，总体报酬和工作特征都显著正向影响员工的关系绩效，有助于提高员工的关系绩效，而且如众多专家所研究的结果内在激励和外在激励存在弱化现象的现象在我们的研究中也得到证实，总体报酬和工作特征的交互作用负向影响员工的关系绩效，但是弱化效应比较微弱。

三、总体报酬和工作特征对员工关系绩效的影响研究

前文已经分析和研究了总体报酬和工作特征对员工任务绩效、员工关系绩效的研究分析，接下来我们分析和研究总体报酬和工作特征对员工绩效的回归分析见表6-3。

表6-3　总体报酬和工作特征对员工绩效的回归分析结果

变量	M_1		M_2		M_3		M_4	
	B	t	B	t	B	t	B	t
常数项	3.376*** (0.144)	23.394	1.618*** (0.161)	10.027	2.778*** (0.134)	20.675	1.589*** (0.192)	8.275
1	-0.152*** (0.041)	-3.668	-0.085** (0.037)	-2.294	-0.132*** (0.037)	-3.549	-0.092** (0.036)	-2.562
2	0.070*** (0.015)	4.515	0.075*** (0.014)	5.469	0.083*** (0.014)	6.007	0.081*** (0.013)	6.088
3	0.074*** (0.020)	3.655	0.037** (0.018)	2.060	0.051*** (0.018)	2.774	0.035** (0.018)	1.977
4	0.086*** (0.032)	2.690	0.042 (0.028)	1.487	0.047 (0.029)	1.631	0.035 (0.027)	1.288
5	0.042*** (0.014)	3.101	0.047*** (0.012)	3.915	0.051*** (0.012)	4.164	0.051*** (0.012)	4.371
6	-0.190*** (0.035)	-5.461	-0.072** (0.032)	-2.290	-0.118*** (0.032)	-3.751	-0.068** (0.031)	-2.224
TR			0.496*** (0.028)	17.828			0.402*** (0.044)	9.071

续表

变量	M_1		M_2		M_3		M_4	
	B	t	B	t	B	t	B	t
JC					0.015*** (0.001)	16.665	0.017*** (0.004)	4.266
TR×JC							−0.002** (0.001)	−2.141
R^2	0.109		0.303		0.283		0.347	
调整 R^2	0.105		0.299		0.279		0.342	
R^2更改			0.214		0.274		0.338	
F	23.383***		70.998****		64.563***		67.418***	

注：（1）*** 表示在 0.01 水平（双侧）上显著相关，** 表示在 0.05 水平（双侧）上显著相关；（2）括号内数字为各变量的标准误差；（3）N=1151。

从表6-3可以看出，在控制变量模型M_1的基础上，加入总体报酬模型M_2所示，总体报酬显著正向影响员工的绩效（β=0.496，$P<0.01$，模型M_2），假设1得到了支持；同理，在控制变量模型M_1的基础上，加入工作特征模型M_3所示，工作特征显著正向影响员工的绩效（β=0.015，$P<0.01$，模型M_3），假设2得到了支持；最后，在控制变量模型M_1的基础上，加入总体报酬、工作特征和总体报酬与工作特征的交互项模型M_4所示，员工绩效分别与总体报酬（β=0.402，$P<0.01$，模型4）和工作特征（β=0.017，$P<0.01$，模型4）显著正相关，员工绩效与总体报酬和工作特征的交互项负相关（β=−0.002，$P<0.1$，模型4）进一步验证了假设1和假设2。

从表6-3的分析结果可以看出，总体报酬和工作特征都显著正向影响员工的绩效，有助于提高员工的绩效，而且如众多专家所研究的结果内在激励和外在激励存在弱化现象的现象在我们的研究中也得到证实，总体报酬和工作特征的交互作用负向影响员工的绩效，但是弱化效应比较微弱。

综上所述,总体报酬和工作特征不仅分别正向影响员工绩效(任务绩效和关系绩效),而且共同正向影响员工绩效(任务绩效和关系绩效)。虽然总体报酬和工作特征的交互效应负向影响员工绩效(任务绩效和关系绩效),但是弱化效应微弱,因此,验证了假设1、假设1a和假设1b。

第二节 总体报酬和工作特征分维度对员工绩效的回归分析

上文已经分析和验证了总体报酬和工作特征对员工任务绩效、关系绩效和绩效的正向影响假设,接下来我们从总体报酬的四个维度和工作特征的五个维度出发,分别分析它们对员工任务绩效、关系绩效和绩效的影响。

一、总体报酬和工作特征分维度对员工任务绩效的影响

因为总体报酬和工作特征都包括了不同的维度,为了进一步分析和研究不同维度对员工任务绩效的影响,接下来分析总体报酬四个维度和工作特征五个维度对员工任务绩效的多元回归分析结果见表6-4。

表6-4 总体报酬和工作特征分维度对员工任务绩效的多元回归分析结果

变量	M_1		M_2		M_3		M_4	
	B	t	B	t	B	t	B	t
常数项	3.396*** (0.172)	19.766	1.742*** (0.202)	8.627	1.486*** (0.200)	7.424	1.191*** (0.206)	5.793
1	−0.164*** (0.049)	−3.320	−0.103** (0.046)	−2.233	−0.126*** (0.045)	−2.798	−0.106** (0.045)	−2.363
2	0.041** (0.018)	2.219	0.050*** (0.017)	2.888	0.050*** (0.017)	2.968	0.053*** (0.017)	3.151

续表

变量	M_1		M_2		M_3		M_4	
	B	t	B	t	B	t	B	t
3	0.066*** (0.024)	2.725	0.031 (0.023)	1.353	0.034 (0.022)	1.521	0.026 (0.022)	1.187
4	0.080** (0.038)	2.099	0.031 (0.036)	0.883	0.038 (0.035)	1.097	0.026 (0.034)	0.764
5	0.038** (0.016)	2.366	0.049*** (0.015)	3.191	0.045*** (0.015)	3.030	0.050*** (0.015)	3.345
6	−0.174*** (0.041)	−4.207	−0.068* (0.039)	−1.738	−0.095** (0.038)	−2.480	−0.067* (0.038)	−1.750
TR_1			0.074* (0.043)	1.718			0.011 (0.042)	0.252
TR_2			0.020 (0.035)	0.570			−0.003 (0.034)	−0.083
TR_3			0.265*** (0.045)	5.816			0.183*** (0.045)	4.043
TR_4			0.109** (0.047)	2.334			0.038 (0.046)	0.829
JC_1					0.158*** (0.038)	4.169	0.098** (0.039)	2.519
JC_2					0.106*** (0.035)	3.014	0.086** (0.035)	2.440
JC_3					0.057* (0.032)	1.765	0.057* (0.032)	1.768
JC_4					0.124*** (0.034)	3.690	0.090*** (0.034)	2.680
JC_5					0.136*** (0.038)	3.606	0.091** (0.038)	2.375
R^2	0.062		0.195		0.224		0.247	
调整 R^2	0.057		0.188		0.217		0.237	
R^2 更改			0.133		0.162		0.185	
F	12.671***		27.548***		29.939***		24.826***	

注：（1）*** 表示在 0.01 水平（双侧）上显著相关，** 表示在 0.05 水平（双侧）上显著相关；（2）括号内数字为各变量的标准误差；（3）N=1151。

从表6-4可以看出，在控制变量模型M_1的基础上，加入总体报酬模型四个维度M_2所示，除了福利对员工任务绩效没有影响（$\beta=0.496$，$P>0.1$，模型M_2），总体报酬中的薪酬（$\beta=0.074$，$P<0.1$，模型M_2）、绩效与工作生活平衡（$\beta=0.265$，$P<0.01$，模型M_2）和认可与职业发展（$\beta=0.109$，$P<0.05$，模型M_2）正向影响员工的任务绩效，总体上假设1a得到了支持；同理，在控制变量模型M_1的基础上，加入工作特征五维度模型M_3所示，技能多样性（$\beta=0.158$，$P<0.01$，模型M_3）、任务完整性（$\beta=0.106$，$P<0.01$，模型M_3）、任务重要性（$\beta=0.057$，$P<0.1$，模型M_3）、自主性（$\beta=0.124$，$P<0.01$，模型M_3）和反馈性（$\beta=0.136$，$P<0.01$，模型M_3）都显著正向影响员工的任务绩效，假设2a得到了支持；最后，在控制变量模型M_1的基础上，加入总体报酬四个维度、工作特征五个维度M_4所示，工作特征对员工任务绩效的正向影响一直是显著的；除了总体报酬中的薪酬（$\beta=0.011$，$P>0.1$，模型M_4）和认可与职业发展（$\beta=0.038$，$P>0.1$，模型M_4）由显著变为不显著外，其他维度的显著性没有发生变化，由此可见，福利维度对员工的任务绩效没有影响，绩效与工作生活平衡显著正向影响员工的任务绩效，薪酬和认可与职业发展的影响作用是变化的，在企业的日常管理中，需要结合实际进行分析。

二、总体报酬和工作特征分维度对员工关系绩效的影响

前文通过对总体报酬和工作特征分维度对员工任务绩效的分析和研究，发现自变量的不同维度对员工任务绩效的影响存在差异。为了进一步理清它们的差异是共性因素还是特殊性因素，接下来分析总体报酬四个维度和工作特征五个维度对员工关系绩效的多元回归分析结果，见表6-5。

表6-5　总体报酬和工作特征分维度对员工关系绩效的多元回归分析结果

变量	M_1		M_2		M_3		M_4	
	B	t	B	t	B	t	B	t
常数项	3.355*** (0.155)	21.600	1.420*** (0.173)	8.199	1.514*** (0.175)	8.675	1.040*** (0.175)	5.952
1	−0.140*** (0.045)	−3.142	−0.066* (0.040)	−1.665	−0.109*** (0.039)	−2.759	−0.074* (0.038)	−1.947
2	0.099*** (0.017)	5.935	0.105*** (0.015)	7.147	0.100*** (0.015)	6.799	0.101*** (0.014)	7.113
3	0.082*** (0.022)	3.777	0.043** (0.019)	2.225	0.051*** (0.019)	2.665	0.040** (0.019)	2.149
4	0.092*** (0.034)	2.675	0.044 (0.030)	1.441	0.048 (0.030)	1.589	0.036 (0.029)	1.239
5	0.046*** (0.015)	3.145	0.053*** (0.013)	4.009	0.046*** (0.013)	3.564	0.048*** (0.013)	3.830
6	−0.206*** (0.037)	−5.493	−0.080** (0.034)	−2.356	−0.115*** (0.033)	−3.448	−0.068** (0.033)	−2.088
TR_1			0.054 (0.037)	1.466			0.021 (0.036)	0.570
TR_2			0.110*** (0.030)	3.643			0.077*** (0.029)	2.643
TR_3			0.234*** (0.039)	5.987			0.176*** (0.038)	4.584
TR_4			0.145*** (0.040)	3.637			0.082** (0.039)	2.099
JC_1					0.248*** (0.033)	7.495	0.158*** (0.033)	4.744
JC_2					0.139*** (0.031)	4.548	0.103*** (0.030)	3.455
JC_3					−0.049* (0.028)	−1.723	−0.049* (0.027)	−1.794
JC_4					−0.039 (0.029)	−1.317	−0.085*** (0.029)	−2.950
JC_5					0.259 (0.033)	7.874	0.188*** (0.032)	5.795

续表

变量	M_1		M_2		M_3		M_4	
	B	t	B	t	B	t	B	t
R^2	0.121		0.32		0.323		0.376	
调整 R^2	0.116		0.314		0.316		0.368	
R^2 更改			0.199		0.202		0.255	
F	26.156***		53.619***		49.329***		45.675***	

注：（1）*** 表示在 0.01 水平（双侧）上显著相关，** 表示在 0.05 水平（双侧）上显著相关；（2）括号内数字为各变量的标准误差；（3）N=1151。

从表6-5可以看出，在控制变量模型 M_1 的基础上，加入总体报酬模型四个维度 M_2 所示，除了薪酬对员工关系绩效没有影响（β=0.054，$P >$ 0.1，模型 M_2），总体报酬中的福利（β=0.110，P<0.01，模型 M_2）、绩效与工作生活平衡（β=0.234，P<0.01，模型 M_2）和认可与职业发展（β= 0.145，P<0.01，模型 M_2）正向影响员工的关系绩效，总体上假设1b得到了支持；同理，在控制变量模型 M_1 的基础上，加入工作特征五维度模型 M_3 所示，除了自主性（β=-0.039，$P >$ 0.1，模型 M_3）和反馈性（β= 0.259，$P >$ 0.1，模型 M_3）对员工关系绩效没有影响外，技能多样性（β= 0.248，P<0.01，模型 M_3）和任务完整性（β=0.139，P<0.01，模型 M_3）显著正向影响员工的关系绩效，任务重要性（β=-0.049，P<0.1，模型 M_3）显著负向影响员工的关系绩效，假设2b得到了支持；最后，在控制变量模型 M_1 的基础上，加入总体报酬四个维度、工作特征五个维度 M_4 所示，总体报酬对员工关系绩效的正向影响一直是显著的；工作特征的自主性（β=-0.085，P<0.01，模型 M_4）和反馈性（β=0.188，P<0.01，模型 M_4）由不显著变为显著，其他维度的显著性没有发生变化。由此可见，自主性和反馈性的影响作用是变化的，在企业的日常管理中，需要结合实际进行分析。

三、总体报酬和工作特征分维度对员工绩效的影响

前文通过对总体报酬和工作特征分维度对员工任务绩效、关系绩效的分析和研究，发现自变量的不同维度对员工任务绩效和关系绩效的影响存在差异。为了进一步厘清它们的差异是共性因素还是特殊性因素，接下来分析总体报酬四个维度和工作特征五个维度对员工绩效的多元回归分析结果，见表6-6。

表6-6　总体报酬和工作特征分维度对员工绩效的多元回归分析结果

变量	M_1		M_2		M_3		M_4	
	B	t	B	t	B	t	B	t
常数项	3.376*** (0.144)	23.394	1.581*** (0.161)	9.839	1.500*** (0.161)	9.335	1.116*** (0.162)	6.886
1	−0.152*** (0.041)	−3.668	−0.084** (0.037)	−2.300	−0.117*** (0.036)	−3.241	−0.090** (0.035)	−2.549
2	0.070*** (0.015)	4.515	0.077*** (0.014)	5.667	0.075*** (0.014)	5.541	0.077*** (0.013)	5.835
3	0.074*** (0.020)	3.655	0.037** (0.018)	2.049	0.043** (0.018)	2.395	0.033* (0.017)	1.912
4	0.086*** (0.032)	2.690	0.038 (0.028)	1.331	0.043(0.028)	1.546	0.031 (0.027)	1.153
5	0.042*** (0.014)	3.101	0.051*** (0.012)	4.166	0.046*** (0.012)	3.822	0.049*** (0.012)	4.188
6	−0.190*** (0.035)	−5.461	−0.074** (0.031)	−2.362	−0.105*** (0.031)	−3.417	−0.067** (0.030)	−2.236
TR_1			0.064* (0.034)	1.869			0.016 (0.033)	0.467
TR_2			0.065** (0.028)	2.322			0.037 (0.027)	1.372
TR_3			0.249*** (0.036)	6.881			0.180*** (0.036)	5.037
TR_4			0.127*** (0.037)	3.426			0.060* (0.036)	1.657

续表

变量	M_1		M_2		M_3		M_4	
	B	t	B	t	B	t	B	t
JC$_1$					0.203*** (0.030)	6.667	0.128*** (0.031)	4.156
JC$_2$					0.123*** (0.028)	4.347	0.094*** (0.028)	3.411
JC$_3$					0.004 (0.026)	0.163	0.004 (0.025)	0.155
JC$_4$					0.043 (0.027)	1.582	0.003 (0.027)	0.110
JC$_5$					0.198*** (0.030)	6.522	0.139*** (0.030)	4.632
R^2	0.109		0.313		0.326		0.37	
调整 R^2	0.105		0.307		0.32		0.362	
R^2更改			0.204		0.217		0.261	
F	23.383***		51.914***		50.152***		44.529***	

注：（1）*** 表示在 0.01 水平（双侧）上显著相关，** 表示在 0.05 水平（双侧）上显著相关；（2）括号内数字为各变量的标准误差；（3）$N=1151$。

从表6-6可以看出，在控制变量模型M_1的基础上，加入总体报酬模型四个维度M_2所示，总体报酬中的薪酬（$\beta=0.064$，$P<0.1$，模型M_2）、福利（$\beta=0.065$，$P<0.05$，模型M_2）、绩效与工作生活平衡（$\beta=0.249$，$P<0.01$，模型M_2）和认可与职业发展（$\beta=0.127$，$P<0.01$，模型M_2）都显著正向影响员工的绩效，假设1得到了支持；同理，在控制变量模型M_1的基础上，加入工作特征五维度模型M_3所示，除了任务重要性（$\beta=0.004$，$P>0.1$，模型M_3）和自主性（$\beta=0.043$，$P>0.1$，模型M_3）对员工绩效没有影响外，技能多样性（$\beta=0.203$，$P<0.01$，模型M_3）、任务完整性（$\beta=0.123$，$P<0.01$，模型M_3）和反馈性（$\beta=0.198$，$P<0.01$，模型M_3）显著正向影响员工的绩效，整体上假设2得到了支持；最后，在控

制变量模型 M_1 的基础上，加入总体报酬四个维度、工作特征五个维度 M_4 所示，工作特征各维度的显著性没有发生变化，总体报酬中的薪酬维度（$\beta=0.016$，$P>0.1$，模型 M_4）和福利维度（$\beta=0.037$，$P>0.1$，模型 M_4）由显著变为不显著。

综上所述，总体报酬的福利维度对员工的任务绩效没有影响，薪酬维度对员工的关系绩效没有影响，并且薪酬维度和福利维度对绩效的影响受内在激励（工作特征）的影响，由显著变为不显著；工作特征的任务重要性维度正向影响员工的任务绩效，负向影响员工的关系绩效，对员工绩效没有影响，自主性维度正向影响员工的任务绩效，负向影响员工的关系绩效，并且自主性维度和反馈性维度对员工关系绩效的影响受外在激励广义中介作用的影响，由不显著变为显著。通过上述分析，内在激励对外在激励具有中介作用（甚至是完全中介作用），外在激励对内在激励具有广义中介作用。

第七章 人力资本投资中介作用机制研究

本研究构建的理论模型如前文所述，是由总体报酬和工作特征所组成的双自变量，任务绩效和关系绩效组合的绩效为因变量，人力资本投资和成就动机为中间变量，具体哪个是中介变量？哪个是调节变量？根据第五章中各变量的相关系数矩阵的分析结果，成就动机与人力资本投资是中度相关，与总体报酬弱相关，与工作特征不相关，与绩效是弱相关（与任务绩效是弱相关，与关系绩效是中度相关），因此，成就动机不适合作为中介变量；人力资本投资与总体报酬和工作特征中度相关，与绩效是高度相关（与任务绩效是中度相关，与关系绩效是高度相关），尝试把人力资本投资作为中介变量。

对于中介效应检验，本书分成两个层次进行：第一层次是人力资本投资对总体报酬、工作特征对任务绩效、关系绩效和绩效的中介效应检验；第二层次是人力资本投资意愿三个因子对总体报酬四个因子、工作特征五因子对任务绩效、关系绩效和绩效的中介效应检验。

具体如何进行中介效应检验，我们按照温忠麟等（2012，2014）提出的四个步骤检验人力资本投资的中介效应：

第一，绩效（任务绩效和关系绩效）对总体报酬和工作特征进行回归分析，回归系数达到显著水平；

$$P\ (\mathrm{TP,\ RP}) = \alpha_1 + \beta_1\mathrm{TR} + \beta_2\mathrm{JC} + \varepsilon_1 \qquad (7\text{-}1)$$

第二，人力资本投资对总体报酬和工作特征进行回归分析，回归系数达到显著水平；

$$\mathrm{HCI} = \alpha_2 + \beta_3\mathrm{TR} + \beta_4\mathrm{JC} + \varepsilon_2 \qquad (7\text{-}2)$$

第三，绩效（任务绩效和关系绩效）对人力资本投资进行回归分析，回归系数达到显著水平；

$$P\,(\mathrm{TP},\,\mathrm{RP})=\alpha_3+\beta_5\mathrm{HCI}\varepsilon_3 \tag{7-3}$$

第四，绩效（任务绩效和关系绩效）对总体报酬、工作特征和人力资本投资进行回归分析，其人力资本投资的回归系数达到显著水平，总体报酬和工作特征的回归系数减少且达到显著水平时，说明中介变量起部分中介作用；而当总体报酬和工作特征的回归系数减少至不显著水平时，则表明为完全中介作用。

$$P\,(\mathrm{TP},\,\mathrm{RP})=\alpha_4+\beta_6\mathrm{TR}+\beta_7\mathrm{JC}+\beta_8\mathrm{HCI}+\varepsilon_4 \tag{7-4}$$

式（7-1）~式（7-4）的回归方程中，α代表常数项，β代表回归系数，ε代表残差项。TR代表总体报酬（包括报酬TR_1、福利TR_2、绩效与工作生活平衡TR_3、认可与职业发展TR_4），JC代表工作特征（包括技能多样性JC_1、任务完整性JC_2、任务重要性JC_3、工作自主性JC_4、反馈性JC_5），CI代表人力资本投资（包括通用人力资本投资HCI_1、专用人力资本投资HCI_2、创新人力资本投资HCI_3），P代表员工绩效（TP代表任务绩效、RP代表关系绩效），由于我们使用的是最小二乘法进行回归估计，需要检验中介效应的稳健性，本研究采用Sobel检验法和Bootstrap法，验证人力资本投资的中介效应。当Sobel检验法中的Z值大于1.96，表示中介效应显著；当Bootstrap法的置信区间不包含0值表示中介效应显著不等于0。通过两种检验进一步验证中介效应的稳健性。

第一节　人力资本投资在总体报酬和工作特征对员工任务绩效的中介机制

前文第六章已经对总体报酬和工作特征对员工任务绩效的主效应检验已经证明，无论是单自变量总体报酬、工作特征，还是双自变量总体报酬和工作特征都显著正向影响员工的任务绩效。根据中介效应检验的步骤，进行中介变量的对自变量回归分析。

一、总体报酬和工作特征对人力资本投资的影响

为了有效分析总体报酬和工作特征对员工任务绩效的作用机制，引入了人力资本投资作为中介变量，进行总体报酬和工作特征对人力资本投资的回归分析，结果见表7-1。

表7-1　总体报酬和工作特征对人力资本投资的回归分析结果

变量	M_1		M_2		M_3		M_4	
	B	t	B	t	B	t	B	t
常数项	3.620*** (0.140)	25.792	1.562*** (0.162)	9.649	2.904*** (0.131)	22.147	1.776*** (0.159)	11.189
1	−0.169*** (0.042)	−4.032	−0.093** (0.037)	−2.545	−0.144*** (0.037)	−3.867	−0.102*** (0.035)	−2.871
2	0.045*** (0.016)	2.884	0.052*** (0.013)	3.872	0.060*** (0.014)	4.369	0.059*** (0.013)	4.497
3	0.005 (0.040)	0.117	0.043 (0.035)	1.237	0.011 (0.035)	0.316	0.035 (0.034)	1.042
4	0.090*** (0.032)	2.790	0.043 (0.028)	1.518	0.049* (0.029)	1.708	0.033 (0.027)	1.233
5	0.041*** (0.014)	2.949	0.048*** (0.012)	4.039	0.051*** (0.012)	4.170	0.052*** (0.012)	4.479
6	−0.187*** (0.035)	−5.340	−0.056* (0.031)	−1.809	−0.108*** (0.031)	−3.441	−0.051* (0.030)	−1.683
TR			0.529*** (0.027)	19.317			0.369*** (0.032)	11.411
JC					0.016*** (0.001)	17.559	0.009*** (0.001)	8.708
R^2	0.083		0.309		0.278		0.352	

续表

变量	M_1		M_2		M_3		M_4	
	B	t	B	t	B	t	B	t
调整 R^2	0.079		0.305		0.274		0.348	
R^2更改			0.226		0.195		0.269	
F	17.358***		73.023***		62.923***		77.558***	

注：（1）*** 表示在 0.01 水平（双侧）上显著相关，** 表示在 0.05 水平（双侧）上显著相关；（2）括号内数字为各变量的标准误差；（3）N=1151。

　　从表7-1可以看出，在控制变量模型 M_1 的基础上，加入总体报酬模型 M_2 所示，人力资本投资和总体报酬显著正相关（β=0.529，$P<0.01$，模型 M_2），假设3得到了支持；同理，在控制变量模型 M_1 的基础上，加入工作特征模型 M_3 所示，人力资本投资与工作特征显著正相关（β=0.016，$P<0.01$，模型 M_3），假设4得到了支持；最后，在控制变量模型 M_1 的基础上，加入总体报酬、工作特征的模型 M_4 所示，人力资本投资分别与总体报酬（β=0.369，$P<0.01$，模型4）和工作特征（β=0.009，$P<0.01$，模型4）显著正相关，进一步验证了假设3和假设4。

　　从表7-1的分析结果可以看出，总体报酬和工作特征都显著正向影响员工的人力资本投资，有助于企业增加人力资本投资的广度和深度，引导员工增加企业所需要的人力资本数量和质量，为企业获得持续的竞争优势奠定坚实的人力资本储备。

二、人力资本投资对员工绩效的影响

　　前文我们已经验证了总体报酬和工作特征正向影响员工绩效（任务绩效和关系绩效）和人力资本投资，接下来研究人力资本投资对员工绩效（任务绩效和关系绩效）的影响。

　　人力资本投资对员工绩效的回归分析，结果见表7-2。

表7-2 人力资本投资对员工绩效的回归分析结果

变量	任务绩效 M₁ B	t	M₂ B	t	M₃ B	t	关系绩效 M₄ B	t	M₅ B	t	绩效 M₆ B	t
常数项	3.396*** (0.172)	19.766	1.357*** (0.181)	7.482	3.355*** (0.155)	21.600	0.526*** (0.121)	4.348	3.376*** (0.144)	23.394	0.942*** (0.123)	7.628
1	-0.164*** (0.049)	-3.320	-0.071 (0.043)	-1.645	-0.140*** (0.045)	-3.142	-0.011 (0.029)	-0.380	-0.152*** (0.041)	-3.668	-0.041 (0.029)	-1.395
2	0.041** (0.018)	2.219	0.012 (0.016)	0.773	0.099*** (0.017)	5.935	0.059*** (0.011)	5.558	0.070*** (0.015)	4.515	0.036*** (0.011)	3.290
3	0.066*** (0.024)	2.725	0.030 (0.021)	1.427	0.082*** (0.022)	3.777	0.033** (0.014)	2.338	0.074*** (0.020)	3.655	0.031** (0.014)	2.194
4	0.080** (0.038)	2.099	0.026 (0.033)	0.790	0.092*** (0.034)	2.675	0.017 (0.022)	0.789	0.086*** (0.032)	2.690	0.022 (0.022)	0.966
5	0.038** (0.016)	2.366	0.013 (0.014)	0.897	0.046*** (0.015)	3.145	0.010 (0.009)	1.109	0.042*** (0.014)	3.101	0.012 (0.010)	1.202
6	-0.174*** (0.041)	-4.207	-0.069* (0.036)	-1.899	-0.206*** (0.037)	-5.493	-0.059** (0.024)	-2.457	-0.190*** (0.035)	-5.461	-0.064*** (0.025)	-2.599
HCI			0.594*** (0.030)	19.610			0.825*** (0.020)	40.835			0.710*** (0.021)	34.410
R²	0.062		0.298		0.121		0.642		0.109		0.562	
调整 R²	0.057		0.294		0.116		0.64		0.105		0.56	
R²更改			0.236				0.521				0.453	
F	12.671***		69.437***		26.156***		293.297***		23.383***		209.920***	

注：(1) *** 表示在 0.01 水平（双侧）上显著相关，** 表示在 0.05 水平（双侧）上显著相关；(2) 括号内数字为各变量的标准误差；(3) N=1151。

112

从表7-2可以看出，在控制变量模型M_1的基础上，加入人力资本投资模型M_2所示，人力资本投资正向影响员工任务绩效（$\beta=0.594$，$P<0.01$，模型M_2）；同理，在控制变量模型M_3的基础上，加入人力资本投资模型M_4所示，人力资本投资正向影响员工关系绩效（$\beta=0.825$，$P<0.01$，模型M_4）；在控制变量模型M_5的基础上，加入人力资本投资模型M_6所示，人力资本投资正向影响员工绩效（$\beta=0.710$，$P<0.01$，模型6）；通过以上分析，人力资本投资正向影响员工绩效（任务绩效和关系绩效）。

三、人力资本投资的中介作用

前文已经进行中介作用的三个步骤，最后一个步骤是检验人力资本投资在总体报酬和工作特征对员工任务绩效的中介作用。以人力资本投资为中介变量，总体报酬对员工任务绩效进行回归分析，结果见表7-3。

表7-3　总体报酬、人力资本投资和员工任务绩效回归分析结果

变量	M_1		M_2		M_3	
	B	t	B	t	B	t
常数项	3.396*** (0.172)	19.766	1.782*** (0.203)	8.793	0.984*** (0.194)	5.083
1	−0.164*** (0.049)	−3.320	−0.102** (0.046)	−2.201	−0.059 (0.043)	−1.376
2	0.041** (0.018)	2.219	0.045*** (0.017)	2.645	0.018 (0.016)	1.163
3	0.066*** (0.024)	2.725	0.032 (0.023)	1.406	0.021 (0.021)	1.012
4	0.080** (0.038)	2.099	0.040 (0.036)	1.113	0.017 (0.033)	0.527
5	0.038** (0.016)	2.366	0.043*** (0.015)	2.834	0.018 (0.014)	1.309
6	−0.174*** (0.041)	−4.207	−0.066* (0.040)	−1.669	−0.039 (0.036)	−1.079

续表

变量	M_1		M_2		M_3	
	B	t	B	t	B	t
TR			0.455*** (0.035)	13.034	0.189*** (0.037)	5.159
HCI					0.507*** (0.034)	14.754
R^2	0.062		0.184		0.314	
调整 R^2	0.057		0.179		0.31	
R^2更改			0.122		0.252	
F	12.671***		36.734***		65.446***	

注：（1）*** 表示在 0.01 水平（双侧）上显著相关，** 表示在 0.05 水平（双侧）上显著相关；（2）括号内数字为各变量的标准误差；（3）N=1151。

从表 7-3 可以看出，在控制变量模型 M_1 的基础上，加入总体报酬、人力资本投资的模型 M_3 所示，人力资本投资显著正向影响员工任务绩效（β=0.507，$P<0.01$，模型 3），总体报酬在模型 M_2 和模型 M_3 中都显著正向影响员工任务绩效，并且总体报酬的回归系数从 β=0.455***（模型 M_2）降低为 β=0.189***（模型 M_3），说明人力资本投资部分中介总体报酬对员工任务绩效的影响。

以人力资本投资为中介变量，工作特征对员工任务绩效进行一元回归分析，结果见表 7-4。

表7-4 工作特征、人力资本投资和员工任务绩效回归分析结果

变量	M_1		M_2		M_3	
	B	t	B	t	B	t
常数项	3.396*** (0.172)	19.766	2.763*** (0.164)	16.849	1.409*** (0.177)	7.936
1	−0.164*** (0.049)	−3.320	−0.143*** (0.045)	−3.143	−0.077* (0.042)	−1.836

续表

变量	M_1		M_2		M_3	
	B	t	B	t	B	t
2	0.041** (0.018)	2.219	0.055*** (0.017)	3.260	0.025 (0.016)	1.610
3	0.066*** (0.024)	2.725	0.041* (0.022)	1.837	0.024 (0.021)	1.150
4	0.080** (0.038)	2.099	0.038 (0.035)	1.099	0.014 (0.032)	0.448
5	0.038** (0.016)	2.366	0.048*** (0.015)	3.186	0.022 (0.014)	1.613
6	−0.174*** (0.041)	−4.207	−0.098** (0.039)	−2.555	−0.049 (0.036)	−1.371
JC			0.016*** (0.001)	14.444	0.008*** (0.001)	7.349
HCI					0.482*** (0.033)	14.479
R^2	0.062		0.207		0.33	
调整 R^2	0.057		0.202		0.325	
R^2更改			0.145		0.268	
F	12.671***		42.638***		70.327***	

注：（1）*** 表示在0.01水平（双侧）上显著相关，** 表示在0.05水平（双侧）上显著相关；（2）括号内数字为各变量的标准误差；（3）$N=1151$。

从表7-4可以看出，在控制变量模型M_1的基础上，加入工作特征、人力资本投资的模型M_3所示，人力资本投资显著正向影响员工任务绩效（$\beta=0.482$，$P<0.01$，模型3），工作特征在模型M_2和模型M_3中都显著正向影响员工任务绩效，并且总体报酬的回归系数从$\beta=0.016$***（模型M_2）降低为$\beta=0.008$***（模型M_3），说明人力资本投资部分中介工作特征对员工任务绩效的影响。

以人力资本投资为中介变量，总体报酬、工作特征对员工任务绩效进行多元回归分析，结果见表7-5。

表7-5　总体报酬、工作特征、人力资本投资和员工任务绩效回归分析结果

变量	M_1		M_2		M_3	
	B	t	B	t	B	t
常数项	3.396*** (0.172)	19.766	2.041*** (0.199)	10.268	1.098*** (0.232)	4.743
1	−0.164*** (0.049)	−3.320	−0.114** (0.045)	−2.540	−0.069 (0.042)	−1.646
2	0.041** (0.018)	2.219	0.054*** (0.017)	3.216	0.026* (0.016)	1.665
3	0.066*** (0.024)	2.725	0.029 (0.022)	1.324	0.020 (0.021)	0.982
4	0.080** (0.038)	2.099	0.028 (0.034)	0.811	0.013 (0.032)	0.418
5	0.038** (0.016)	2.366	0.048*** (0.015)	3.229	0.024* (0.014)	1.725
6	−0.174*** (0.041)	−4.207	−0.060 (0.038)	−1.555	−0.038 (0.036)	−1.070
TR			0.324*** (0.056)	5.828	0.126** (0.054)	2.327
JC			0.020*** (0.005)	3.985	0.012** (0.005)	2.479
TR×JC			−0.002* (0.001)	−1.833	−0.001 (0.001)	−1.029
HCI					0.456*** (0.035)	12.962
R^2	0.062		0.235		0.334	
调整 R^2	0.057		0.229		0.328	
R^2更改			0.173		0.272	
F	12.671***		43.371***		57.045	

注：（1）*** 表示在0.01 水平（双侧）上显著相关，** 表示在0.05 水平（双侧）上显著相关；（2）括号内数字为各变量的标准误差；（3）N=1151。

从表7-5可以看出，在控制变量模型M_1的基础上，加入总体报酬、工作特征、人力资本投资的模型M_3所示，人力资本投资显著正向影响员工任务绩效（$\beta=0.456$，$P<0.01$，模型3），总体报酬在模型M_2和模型M_3中都显著正向影响员工任务绩效，并且总体报酬的回归系数从$\beta=0.324^{***}$（模型M_2）降低为$\beta=0.126^{**}$（模型M_3）；工作特征在模型M_2和模型M_3中都显著正向影响员工任务绩效，并且总体报酬的回归系数从$\beta=0.020^{***}$（模型M_2）降低为$\beta=0.012^{**}$（模型M_3），总体报酬和工作特征的交互作用由显著（$\beta=-0.002$，$P<0.1$，模型M_2）变为不显著（$\beta=-0.001$，$P>0.1$，模型M_3），说明人力资本投资部分中介总体报酬和工作特征对员工任务绩效的影响，完全中介了总体报酬和工作特征交互作用对员工任务绩效的影响，验证了假设5a。

第二节　人力资本投资在总体报酬和工作特征对员工关系绩效的中介机制

第六章对总体报酬和工作特征对员工关系绩效的主效应检验已经证明，无论是单自变量总体报酬、工作特征，还是双自变量总体报酬和工作特征都显著正向影响员工的关系绩效。根据表7-1和表7-2可以看出，总体报酬和工作特征正向影响人力资本投资，人力资本投资正向影响员工的关系绩效。

前文已经进行中介作用的三个步骤，最后一个步骤是检验人力资本投资在总体报酬和工作特征对员工关系绩效的中介作用。以人力资本投资为中介变量，总体报酬对员工关系绩效进行回归分析，结果见表7-6。

表7-6 总体报酬、人力资本投资和员工关系绩效回归分析结果

变量	M_1		M_2		M_3	
	B	t	B	t	B	t
常数项	3.355*** (0.155)	21.600	1.454*** (0.173)	8.381	0.255** (0.129)	1.9822
1	−0.140*** (0.045)	−3.142	−0.067* (0.040)	−1.696	−0.002 (0.028)	−0.0735
2	0.099*** (0.017)	5.935	0.104*** (0.015)	7.084	0.064*** (0.011)	6.0335
3	0.082*** (0.022)	3.777	0.043** (0.019)	2.190	0.026* (0.014)	1.8974
4	0.092*** (0.034)	2.675	0.045 (0.030)	1.465	0.011 (0.022)	0.5033
5	0.046*** (0.015)	3.145	0.052*** (0.013)	3.972	0.015 (0.009)	1.5604
6	−0.206*** (0.037)	−5.493	−0.078** (0.034)	−2.310	−0.038 (0.024)	−1.5697
TR			0.536*** (0.030)	17.938	0.137*** (0.024)	5.6162
HCI					0.762*** (0.023)	33.313
R^2	0.121		0.314		0.652	
调整 R^2	0.116		0.31		0.65	
R^2 更改			0.183		0.531	
F	26.156***		74.674***		267.435***	

注：（1）*** 表示在0.01 水平（双侧）上显著相关，** 表示在0.05 水平（双侧）上显著相关；（2）括号内数字为各变量的标准误差；（3）N=1151。

从表7-6可以看出，在控制变量模型M_1的基础上，加入总体报酬、人力资本投资的模型M_3所示，人力资本投资显著正向影响员工关系绩效（β=0.762，P<0.01，模型3），总体报酬在模型M_2和模型M_3中都显著正向影响员工关系绩效，并且总体报酬的回归系数从β=0.536***（模型M_2）

降低为$\beta=0.137$***（模型M_3），说明人力资本投资部分中介总体报酬对员工关系绩效的影响。

以人力资本投资为中介变量，工作特征对员工关系绩效进行回归分析，结果见表7-7。

表7-7　工作特征、人力资本投资和员工关系绩效回归分析结果

变量	M_1		M_2		M_3	
	B	t	B	t	B	t
常数项	3.355*** (0.155)	21.600	2.792*** (0.149)	18.777	0.536*** (0.121)	4.432
1	−0.140*** (0.045)	−3.142	−0.122*** (0.041)	−2.948	−0.012 (0.029)	−0.424
2	0.099*** (0.017)	5.935	0.111*** (0.015)	7.259	0.062*** (0.011)	5.762
3	0.082*** (0.022)	3.777	0.060*** (0.020)	2.986	0.031** (0.014)	2.253
4	0.092*** (0.034)	2.675	0.055* (0.032)	1.736	0.015 (0.022)	0.688
5	0.046*** (0.015)	3.145	0.054*** (0.014)	4.012	0.012 (0.009)	1.302
6	−0.206*** (0.037)	−5.493	−0.138*** (0.035)	−3.960	−0.056** (0.024)	−2.294
JC			0.014*** (0.001)	14.182	0.002** (0.001)	2.068
HCI					0.804*** (0.023)	35.424
R^2	0.121		0.252		0.644	
调整 R^2	0.116		0.248		0.641	
R^2更改			0.131		0.523	
F	26.156***		55.073***		257.905***	

注：（1）*** 表示在0.01水平（双侧）上显著相关，** 表示在0.05水平（双侧）上显著相关；（2）括号内数字为各变量的标准误差；（3）N=1151。

从表7-7可以看出，在控制变量模型M_1的基础上，加入工作特征、人力资本投资的模型M_3所示，人力资本投资显著正向影响员工关系绩效（$\beta=0.804$，$P<0.01$，模型3），工作特征在模型M_2和模型M_3中都显著正向影响员工任务绩效，并且工作特征的回归系数从$\beta=0.014^{***}$（模型$M2$）降低为$\beta=0.002^{**}$（模型M_3），说明人力资本投资部分中介工作特征对员工关系绩效的影响。

以人力资本投资为中介变量，总体报酬、工作特征对员工关系绩效进行回归分析，结果见表7-8。

表7-8 总体报酬、工作特征、人力资本投资和员工关系绩效回归分析结果

变量	M_1		M_2		M_3	
	B	t	B	t	B	t
常数项	3.355*** (0.155)	21.600	1.388*** (0.210)	6.609	0.227 (0.156)	1.454
1	−0.140*** (0.045)	−3.142	−0.072* (0.039)	−1.838	−0.001 (0.028)	−0.046
2	0.099*** (0.017)	5.935	0.108*** (0.014)	7.473	0.063*** (0.011)	5.965
3	0.082*** (0.022)	3.777	0.041** (0.019)	2.117	0.026* (0.014)	1.897
4	0.092*** (0.034)	2.675	0.040 (0.030)	1.335	0.011 (0.022)	0.523
5	0.046*** (0.015)	3.145	0.055*** (0.013)	4.255	0.014 (0.009)	1.530
6	−0.206*** (0.037)	−5.493	−0.075** (0.033)	−2.255	−0.038 (0.024)	−1.574
TR			0.480*** (0.048)	9.895	0.147*** (0.037)	4.019
JC			0.014*** (0.004)	3.224	0.000 (0.003)	0.064
TR×JC			−0.002* (0.001)	−1.811	−0.000 (0.001)	−0.185
HCI					0.764*** (0.024)	32.242

续表

变量	M_1		M_2		M_3	
	B	t	B	t	B	t
R^2	0.121		0.335		0.652	
调整R^2	0.116		0.33		0.649	
R^2更改			0.214		0.531	
F	26.156***		63.800***		213.637***	

注：（1）*** 表示在0.01水平（双侧）上显著相关，** 表示在0.05水平（双侧）上显著相关；（2）括号内数字为各变量的标准误差；（3）N=1151。

　　从表7-8可以看出，在控制变量模型M_1的基础上，加入总体报酬、工作特征、总体报酬与工作特征的交互项、人力资本投资的模型M_3所示，人力资本投资显著正向影响员工任务绩效（β=0.764，P<0.01，模型3），总体报酬在模型M_2和模型M_3中都显著正向影响员工关系绩效，并且总体报酬的回归系数从β=0.480***（模型M_2）降低为β=0.147***（模型M_3）；工作特征在模型M_2和模型M_3中都显著正向影响员工关系绩效，并且总体报酬的回归系数从β=0.014***（模型M_2）变为不显著β=0.000（模型M_3），总体报酬和工作特征的交互作用由显著（β=-0.002，P<0.1，模型M_2）变为不显著（β=-0.000，P>0.1，模型3），说明人力资本投资部分中介总体报酬对员工关系绩效的影响，完全中介了工作特征、总体报酬和工作特征交互作用对员工关系绩效的影响，验证了假设5b。

第三节　人力资本投资在总体报酬和工作特征对员工绩效的中介机制

　　第六章对总体报酬和工作特征对员工绩效的主效应检验已经证明，无论是单自变量总体报酬、工作特征，还是双自变量总体报酬和工作特征都显著正向影响员工绩效。根据表7-1和表7-2可以看出，总体报酬和工作特征正向影响人力资本投资，人力资本投资正向影响员工的关系绩效。

前文已经进行中介作用的三个步骤，最后一个步骤是检验人力资本投资在总体报酬和工作特征对员工绩效的中介作用。以人力资本投资为中介变量，总体报酬对员工绩效进行回归分析，结果见表7-9。

表7-9　总体报酬、人力资本投资和员工绩效回归分析结果

变量	M_1		M_2		M_3	
	B	t	B	t	B	t
常数项	3.376*** （0.144）	23.394	1.618*** （0.161）	10.027	0.619*** （0.131）	4.738
1	−0.152*** （0.041）	−3.668	−0.085** （0.037）	−2.294	−0.030 （0.029）	−1.054
2	0.070*** （0.015）	4.515	0.075*** （0.014）	5.469	0.041*** （0.011）	3.831
3	0.074*** （0.020）	3.655	0.037** （0.018）	2.060	0.024* （0.014）	1.683
4	0.086*** （0.032）	2.690	0.042 （0.028）	1.487	0.014 （0.022）	0.637
5	0.042*** （0.014）	3.101	0.047*** （0.012）	3.915	0.016* （0.009）	1.737
6	−0.190*** （0.035）	−5.461	−0.072** （0.032）	−2.290	−0.038 （0.025）	−1.572
TR			0.496*** （0.028）	17.828	0.163*** （0.025）	6.582
HCI					0.635*** （0.023）	27.316
R^2	0.109		0.303		0.578	
调整 R^2	0.105		0.299		0.576	
R^2更改			0.214		0.469	
F	23.383***		70.998****		195.898***	

注：（1）*** 表示在0.01水平（双侧）上显著相关，** 表示在0.05水平（双侧）上显著相关；（2）括号内数字为各变量的标准误差；（3）$N=1151$。

从表7-9可以看出，在控制变量模型 M_1 的基础上，加入总体报酬、人力资本投资的模型 M_3 所示，人力资本投资显著正向影响员工绩效（$\beta=0.635$，$P<0.01$，模型3），总体报酬在模型 M_2 和模型 M_3 中都显著正向影响员工任务绩效，并且总体报酬的回归系数从 $\beta=0.496$***（模型 M_2）降

低为 $\beta=0.163^{***}$（模型 M_3），说明人力资本投资部分中介总体报酬对员工绩效的影响。

以人力资本投资为中介变量，工作特征对员工绩效进行回归分析，结果见表7-10。

表7-10 工作特征、人力资本投资和员工绩效回归分析结果

变量	M_1		M_2		M_3	
	B	t	B	t	B	t
常数项	3.376*** （0.144）	23.394	2.778*** （0.134）	20.675	0.972*** （0.121）	8.005
1	−0.152*** （0.041）	−3.668	−0.132*** （0.037）	−3.549	−0.045 （0.029）	−1.553
2	0.070*** （0.015）	4.515	0.083*** （0.014）	6.007	0.043*** （0.011）	4.044
3	0.074*** （0.020）	3.655	0.051*** （0.018）	2.774	0.028* （0.014）	1.961
4	0.086*** （0.032）	2.690	0.047 （0.029）	1.631	0.015 （0.022）	0.670
5	0.042*** （0.014）	3.101	0.051*** （0.012）	4.164	0.017* （0.009）	1.827
6	−0.190*** （0.035）	−5.461	−0.118*** （0.032）	−3.751	−0.052** （0.024）	−2.144
JC			0.015*** （0.001）	16.665	0.005*** （0.001）	6.400
HCI					0.643*** （0.023）	28.207
R^2	0.109		0.283		0.578	
调整 R^2	0.105		0.279		0.575	
R^2更改			0.274		0.469	
F	23.383***		64.563***		195.220***	

注：（1）*** 表示在0.01水平（双侧）上显著相关，** 表示在0.05水平（双侧）上显著相关；（2）括号内数字为各变量的标准误差；（3）$N=1151$。

从表7-10可以看出，在控制变量模型 M_1 的基础上，加入工作特征、人力资本投资的模型 M_3 所示，人力资本投资显著正向影响员工绩效（$\beta=0.643$，$P<0.01$，模型3），工作特征在模型 M_2 和模型 M_3 中都显著正向

影响员工任务绩效，并且工作特征的回归系数从 $\beta=0.015$*** （模型 M_2）降低为 $\beta=0.005$*** （模型 M_3），说明人力资本投资部分中介工作特征对员工绩效的影响。

以人力资本投资为中介变量，总体报酬、工作特征对员工绩效进行回归分析，结果见表7-11。

表7-11　总体报酬、工作特征、人力资本投资和员工绩效回归分析结果

变量	M_1		M_2		M_3	
	B	t	B	t	B	t
常数项	3.376*** （0.144）	23.394	1.589*** （0.192）	8.275	0.663*** （0.158）	4.206
1	−0.152*** （0.041）	−3.668	−0.092** （0.036）	−2.562	−0.035 （0.029）	−1.233
2	0.070*** （0.015）	4.515	0.081*** （0.013）	6.088	0.045*** （0.011）	4.180
3	0.074*** （0.020）	3.655	0.035** （0.018）	1.977	0.023* （0.014）	1.662
4	0.086*** （0.032）	2.690	0.035 （0.027）	1.288	0.012 （0.022）	0.567
5	0.042*** （0.014）	3.101	0.051*** （0.012）	4.371	0.019** （0.009）	2.026
6	−0.190*** （0.035）	−5.461	−0.068** （0.031）	−2.224	−0.038 （0.024）	−1.566
TR			0.402*** （0.044）	9.071	0.137*** （0.037）	3.702
JC			0.017*** （0.004）	4.266	0.006* （0.003）	1.853
TR×JC			−0.002** （0.001）	−2.141	−0.001 （0.001）	−0.847
HCI					0.610*** （0.024）	25.505
R^2	0.109		0.347		0.584	
调整 R^2	0.105		0.342		0.581	
R^2更改			0.338		0.475	
F	23.383***		67.418***		160.266***	

注：（1）*** 表示在0.01水平（双侧）上显著相关，** 表示在0.05水平（双侧）上显著相关；（2）括号内数字为各变量的标准误差；（3）N=1151。

从表7-11可以看出，在控制变量模型M_1的基础上，加入总体报酬、工作特征、总体报酬与工作特征的交互项、人力资本投资的模型M_3所示，人力资本投资显著正向影响员工任务绩效（$\beta=0.610$，$P<0.01$，模型3），总体报酬在模型M_2和模型M_3中都显著正向影响员工关系绩效，并且总体报酬的回归系数从$\beta=0.402***$（模型M_2）降低为$\beta=0.137***$（模型M_3）；工作特征在模型M_2和模型M_3中都显著正向影响员工关系绩效，并且工作特征的回归系数从$\beta=0.017***$（模型M_2）变为$\beta=0.006*$（模型M_3），总体报酬和工作特征的交互作用由显著（$\beta=-0.002$，$P<0.1$，模型M_2）变为不显著（$\beta=-0.001$，$P>0.1$，模型3），说明人力资本投资部分中介总体报酬和工作特征对员工绩效的影响，完全中介了总体报酬和工作特征交互作用对员工绩效的影响，验证了假设5。

第四节　总体报酬和工作特征分维度对员工任务绩效的作用机制

由表6-4可知，总体报酬的福利维度与员工任务绩效没有关系，薪酬、绩效与工作生活平衡和认可与职业发展显著正向影响员工任务绩效，工作特征的五个维度都显著正向影响员工的任务绩效。接下来我们分析和研究总体报酬和工作特征分别与人力资本投资的关系。

一、总体报酬和工作特征对人力资本投资的影响

以总体报酬的四个维度为自变量对人力资本投资三个维度为因变量进行回归分析，结果见表7-12。

从表7-12可以看出，在控制变量模型M_1的基础上，加入总体报酬

四个维度的模型 M_2 所示，除了薪酬维度与通用人力资本投资没有关系外，其他三个维度显著正向影响通用人力资本投资；同理，在控制变量模型 M_3 的基础上，加入总体报酬四个维度的模型 M_4 所示，除了薪酬维度与专用人力资本投资没有关系外，其他三个维度显著正向影响专用人力资本投资；在控制变量模型 M_5 的基础上，加入总体报酬四个维度的模型 M_6 所示，总体报酬的四个维度显著正向影响创新性人力资本投资，综上所述，验证了假设3b、假设3c和假设3d、假设3a没有通过检验。

以工作特征的五个维度为自变量对人力资本投资三个维度为因变量进行回归分析，结果见表7-13。

从表7-13可以看出，在控制变量模型 M_1 的基础上，加入工作特征五个维度的模型 M_2 所示，除了任务重要性维度与通用人力资本投资没有关系外，其他四个维度显著正向影响通用人力资本投资；同理，在控制变量模型 M_3 的基础上，加入工作特征五个维度的模型 M_4 所示，除了任务重要性维度和自主性维度与专用人力资本投资没有关系外，其他三个维度显著正向影响专用人力资本投资；在控制变量模型 M_5 的基础上，加入工作特征五个维度的模型 M_6 所示，除了任务重要性维度与创新性人力资本投资没有关系外总体报酬的四个维度显著正向影响创新性人力资本投资，综上所述，验证了假设4a、假设4b、假设4e。假设4d得到了部分验证，4c没有得到验证。

二、人力资本投资对员工绩效（任务绩效和关系绩效）的影响

根据中介效应检验的步骤，前文已经分析和研究了总体报酬和工作

特征对人力资本投资、员工绩效（任务绩效和关系绩效）的影响，接下来要分析和研究人力资本投资对员工绩效（任务绩效和关系绩效）的影响。以人力资本投资的三个维度为自变量，员工绩效（任务绩效和关系绩效）为因变量进行回归分析，结果见表7-14。

从表7-14可以看出，在控制变量模型M_1的基础上，加入人力资本投资三个维度的模型M_2所示，人力资本投资三个维度显著正向影响员工任务绩效；同理，在控制变量模型M_3的基础上，加入人力资本投资三个维度的模型M_4所示，人力资本投资三个维度显著正向影响员工关系绩效；在控制变量模型M_5的基础上，加入人力资本投资三个维度的模型M_6所示，人力资本投资三个维度显著正向影响员工绩效。因此，人力资本投资正向影响员工绩效（任务绩效和关系绩效）。

三、人力资本投资在总体报酬、工作特征对员工任务绩效的中介作用

根据中介效应检验的第四个步骤，以人力资本投资的三个维度为中介变量，总体报酬四个维度为自变量，员工任务绩效为因变量进行回归分析，结果见表7-15。

从表7-15可以看出，在控制变量模型M_2的基础上，加入通用人力资本投资的模型M_3所示，通用人力资本投资显著正向影响员工的任务绩效，部分中介了薪酬和绩效与工作与生活平衡对员工任务绩效的影响，完全中介了认可与职业发展对员工任务绩效的影响；同理，在控制变量模型M_2的基础上，加入专用人力资本投资的模型M_4所示，专用人力资本投资显著正向影响员工的任务绩效，专用人力资本投资部分中介了绩

效与工作与生活平衡对员工任务绩效的影响，完全中介了薪酬和认可与职业发展对员工任务绩效的影响；在控制变量模型M_2的基础上，加入创新性人力资本投资的模型M_5所示，创新性人力资本投资显著正向影响员工的任务绩效，创新性人力资本投资部分中介了绩效与工作与生活平衡对员工任务绩效的影响，完全中介了薪酬和认可与职业发展对员工任务绩效的影响。

以人力资本投资的三个维度为中介变量，工作特征五个维度为自变量，员工任务绩效为因变量进行回归分析，结果见表7-16。

从表7-16可以看出，在控制变量模型M_2的基础上，加入通用人力资本投资的模型M_3所示，通用人力资本投资显著正向影响员工的任务绩效，完全中介了技能多样性对员工任务绩效的影响，部分中介了其他四个维度对员工任务绩效的影响；同理，在控制变量模型M_2的基础上，加入专用人力资本投资的模型M_4所示，专用人力资本投资显著正向影响员工的任务绩效，完全中介了任务完整性和反馈性对员工任务绩效的影响，部分中介了其他三个维度对员工任务绩效的影响；在控制变量模型M_2的基础上，加入创新性人力资本投资的模型M_5所示，创新性人力资本投资显著正向影响员工的任务绩效，完全中介了任务重要性对员工任务绩效的影响，部分中介了其他四个维度对员工任务绩效的影响。综上所述，表7-15和表7-16进一步验证了假设5a。

表7-12 总体报酬四维度对人力资本投资三个维度的回归分析结果

变量	通用人力资本投资				专用人力资本投资				创新性人力资本投资			
	M_1		M_2		M_3		M_4		M_5		M_6	
	B	t	B	t	B	t	B	t	B	t	B	t
常数项	3.470*** (0.184)	18.886	1.822*** (0.219)	8.335	3.566*** (0.159)	22.364	1.501*** (0.175)	8.555	3.253*** (0.156)	20.898	1.290*** (0.173)	7.473
1	-0.164*** (0.053)	-3.102	-0.099** (0.050)	-1.988	-0.143*** (0.046)	-3.129	-0.065 (0.040)	-1.618	-0.163*** (0.045)	-3.648	-0.09** (0.039)	-2.305
2	0.062*** (0.020)	3.167	0.067*** (0.019)	3.604	0.0418** (0.017)	2.449	0.050*** (0.015)	3.338	0.039** (0.017)	2.369	0.049*** (0.015)	3.336
3	0.048* (0.026)	1.861	0.016 (0.024)	0.644	0.062*** (0.022)	2.75	0.019 (0.020)	0.992	0.071*** (0.022)	3.259	0.029 (0.019)	1.511
4	0.101*** (0.041)	2.482	0.063 (0.038)	1.638	0.062* (0.035)	1.776	0.011 (0.031)	0.352	0.107*** (0.034)	3.125	0.054* (0.030)	1.763
5	0.038*** (0.017)	2.16	0.041** (0.017)	2.501	0.056*** (0.015)	3.699	0.062*** (0.013)	4.654	0.037** (0.015)	2.497	0.044*** (0.013)	3.33
6	-0.177*** (0.044)	-3.995	-0.070 (0.043)	-1.646	-0.226*** (0.038)	-5.886	-0.093*** (0.034)	-2.723	-0.129*** (0.038)	-3.433	-0.002 (0.034)	-0.069
TR_1			0.004 (0.046)	0.078			0.028 (0.037)	0.768			0.070* (0.037)	1.91
TR_2			0.113*** (0.038)	2.962			0.108*** (0.031)	3.546			0.075** (0.030)	2.482

续表

变量	通用人力资本投资				专用人力资本投资				创新性人力资本投资			
	M_1		M_2		M_3		M_4		M_5		M_6	
	B	t	B	t	B	t	B	t	B	t	B	t
TR_3			0.213*** (0.049)	4.315			0.246*** (0.040)	6.234			0.192*** (0.039)	4.935
TR_4			0.131*** (0.050)	2.59			0.197*** (0.040)	4.868			0.220*** (0.040)	5.521
R^2	0.06		0.172		0.093		0.317		0.065		0.285	
调整 R^2	0.055		0.165		0.089		0.311		0.06		0.279	
R^2 更改			0.112				0.224				0.22	
F	12.254***		23.696***		19.616***		52.998***		13.177***		45.391***	

注：(1) *** 表示在 0.01 水平（双侧）上显著相关，** 表示在 0.05 水平（双侧）上显著相关；(2) 括号内数字为各变量的标准误差；(3) $N=$ 1151。

表 7-13　工作特征五个维度对人力资本投资三个维度的回归分析结果

变量	通用人力资本投资				专用人力资本投资				匹配性人力资本投资			
	M_1		M_2		M_3		M_4		M_5		M_6	
	B	t	B	t	B	t	B	t	B	t	B	t
常数项	3.470*** (0.184)	18.886	1.580*** (0.210)	7.511	3.566*** (0.159)	22.364	1.583*** (0.180)	8.810	3.253*** (0.156)	20.898	1.160*** (0.172)	6.748

续表

变量	通用人力资本投资 M_1 B	通用人力资本投资 M_1 t	通用人力资本投资 M_2 B	通用人力资本投资 M_2 t	专用人力资本投资 M_3 B	专用人力资本投资 M_3 t	专用人力资本投资 M_4 B	专用人力资本投资 M_4 t	匹配性人力资本投资 M_5 B	匹配性人力资本投资 M_5 t	匹配性人力资本投资 M_6 B	匹配性人力资本投资 M_6 t
1	-0.164*** (0.053)	-3.102	-0.131*** (0.047)	-2.768	-0.143*** (0.046)	-3.129	-0.107*** (0.040)	-2.645	-0.163*** (0.045)	-3.648	-0.124*** (0.039)	-3.195
2	0.062*** (0.020)	3.167	0.059*** (0.018)	3.319	0.0418** (0.017)	2.449	0.047*** (0.015)	3.093	0.039** (0.017)	2.369	0.047*** (0.014)	3.219
3	0.048* (0.026)	1.861	0.017 (0.023)	0.747	0.062*** (0.022)	2.75	0.028 (0.020)	1.428	0.071*** (0.022)	3.259	0.036* (0.019)	1.886
4	0.101*** (0.041)	2.482	0.055 (0.036)	1.512	0.062* (0.035)	1.776	0.017 (0.031)	0.561	0.107*** (0.034)	3.125	0.060** (0.030)	2.017
5	0.038** (0.017)	2.16	0.036** (0.016)	2.309	0.056*** (0.015)	3.699	0.058*** (0.013)	4.360	0.037** (0.015)	2.497	0.042*** (0.013)	3.275
6	-0.177*** (0.044)	-3.995	-0.084** (0.040)	-2.097	-0.226*** (0.038)	-5.886	-0.135*** (0.034)	-3.933	-0.129*** (0.038)	-3.433	-0.036 (0.033)	-1.101
JC_1			0.381*** (0.040)	9.555			0.205*** (0.034)	6.031			0.222*** (0.033)	6.803
JC_2			0.105*** (0.037)	2.856			0.157*** (0.032)	4.992			0.116*** (0.030)	3.845
JC_3			-0.050 (0.034)	-1.479			-0.006 (0.029)	-0.190			0.018 (0.028)	0.666
JC_4			-0.107*** (0.035)	-3.031			0.031 (0.030)	1.032			0.081*** (0.029)	2.811

续表

变量	通用人力资本投资				专用人力资本投资				匹配性人力资本投资			
	M_1		M_2		M_3		M_4		M_5		M_6	
	B	t	B	t	B	t	B	t	B	t	B	t
JC_5			0.251*** (0.040)	6.334			0.214*** (0.034)	6.325			0.200*** (0.032)	6.163
R^2	0.06		0.249		0.093		0.298		0.065		0.305	
调整 R^2	0.055		0.242		0.089		0.291		0.06		0.298	
R^2更改			0.189				0.205				0.24	
F	12.254***		34.334***		19.616***		43.997***		13.177***		45.366***	

注：(1) *** 表示在0.01水平（双侧）上显著相关，** 表示在0.05水平（双侧）上显著相关；(2) 括号内数字为各变量的标准误差；(3) N=1151。

表7-14 人力资本投资三个维度对绩效（任务绩效和关系绩效）的回归分析结果

变量	任务绩效				关系绩效				绩效			
	M_1		M_2		M_3		M_4		M_5		M_6	
	B	t	B	t	B	t	B	t	B	t	B	t
常数项	3.396*** (0.172)	19.766	1.311*** (0.181)	7.234	3.355*** (0.155)	21.600	0.475*** (0.118)	0.000	3.376*** (0.144)	23.394	0.893*** (0.123)	7.2848
1	-0.164*** (0.049)	-3.320	-0.070 (0.043)	-1.627	-0.140*** (0.045)	-3.142	-0.015 (0.028)	0.584	-0.152*** (0.041)	-3.668	-0.043 (0.029)	-1.467

续表

变量	任务绩效				关系绩效				绩效			
	M_1		M_2		M_3		M_4		M_5		M_6	
	B	t	B	t	B	t	B	t	B	t	B	t
2	0.041** (0.018)	2.219	0.014 (0.016)	0.877	0.099*** (0.017)	5.935	0.059*** (0.010)	1.196	0.070*** (0.015)	4.515	0.037*** (0.011)	3.4157
3	0.066*** (0.024)	2.725	0.027 (0.021)	1.297	0.082*** (0.022)	3.777	0.034** (0.014)	0.013	0.074*** (0.020)	3.655	0.031** (0.014)	2.1616
4	0.080** (0.038)	2.099	0.027 (0.033)	0.811	0.092*** (0.034)	2.675	0.027 (0.021)	0.215	0.086*** (0.032)	2.690	0.027 (0.022)	1.1967
5	0.038** (0.016)	2.366	0.011 (0.014)	0.779	0.046*** (0.015)	3.145	0.007 (0.009)	0.472	0.042*** (0.014)	3.101	0.009 (0.010)	0.9226
6	-0.174*** (0.041)	-4.207	-0.066* (0.036)	-1.808	-0.206*** (0.037)	-5.493	-0.041* (0.024)	0.082	-0.190*** (0.035)	-5.461	-0.053** (0.025)	-2.177
HCI_1			0.095*** (0.032)	3.011			0.241*** (0.021)	7.572			0.168*** (0.021)	7.8536
HCI_2			0.263*** (0.042)	6.302			0.481*** (0.027)	4.388			0.372*** (0.028)	13.185
HCI_3			0.251*** (0.042)	5.982			0.102*** (0.027)	0.000			0.176*** (0.028)	6.2123
R^2	0.062		0.306		0.121		0.662		0.109		0.572	
调整 R^2	0.057		0.3		0.116		0.659		0.105		0.569	
R^2更改			0.244				0.541				0.463	

续表

变量	任务绩效						关系绩效		绩效			
	M_1		M_2		M_3		M_4		M_5		M_6	
	B	t	B	t	B	t	B	t	B	t	B	t
F	12.671***		55.785***		26.156***		247.873***		23.383***		169.630***	

注：（1）*** 表示在0.01水平（双侧）上显著相关，** 表示在0.05水平（双侧）上显著相关；（2）括号内数字为各变量的标准误差；（3）N=1151

表7-15 人力资本投资三个维度对总体报酬和任务绩效的回归分析结果

变量	M_1		M_2		M_3		M_4		M_5		M_6	
	B	t	B	t	B	t	B	t	B	t	B	t
常数项	3.396*** (0.172)	19.766	1.742*** (0.202)	8.627	1.235*** (0.198)	6.226	1.128*** (0.195)	5.793	1.214*** (0.194)	6.263	0.975*** (0.193)	5.057
1	-0.164*** (0.049)	-3.320	-0.103** (0.046)	-2.233	-0.075* (0.044)	-1.710	-0.077* (0.043)	-1.771	-0.066 (0.043)	-1.517	-0.061 (0.042)	-1.426
2	0.041** (0.018)	2.219	0.050*** (0.017)	2.888	0.031* (0.016)	1.879	0.029* (0.016)	1.812	0.029* (0.016)	1.827	0.022 (0.016)	1.400
3	0.066*** (0.024)	2.725	0.031 (0.023)	1.353	0.026 (0.022)	1.215	0.023 (0.021)	1.070	0.019 (0.021)	0.878	0.019 (0.021)	0.905
4	0.080** (0.038)	2.099	0.031 (0.036)	0.883	0.014 (0.034)	0.408	0.027 (0.033)	0.810	0.009 (0.033)	0.283	0.012 (0.033)	0.360
5	0.038** (0.016)	2.366	0.049*** (0.015)	3.191	0.037** (0.015)	2.549	0.024 (0.014)	1.630	0.031** (0.014)	2.151	0.022 (0.014)	1.586

134

续表

变量	M_1 B	M_1 t	M_2 B	M_2 t	M_3 B	M_3 t	M_4 B	M_4 t	M_5 B	M_5 t	M_6 B	M_6 t
6	-0.174*** (0.041)	-4.207	-0.068* (0.039)	-1.738	-0.049 (0.038)	-1.301	-0.030 (0.037)	-0.822	-0.068* (0.037)	-1.829	-0.041 (0.036)	-1.134
TR_1			0.074* (0.043)	1.718	0.073* (0.041)	1.776	0.062 (0.040)	1.545	0.045 (0.040)	1.118	0.053 (0.039)	1.334
TR_2			0.020 (0.035)	0.570	-0.011 (0.034)	-0.336	-0.024 (0.033)	-0.733	-0.011 (0.033)	-0.318	-0.030 (0.032)	-0.913
TR_3			0.265*** (0.045)	5.816	0.205*** (0.044)	4.696	0.164*** (0.043)	3.787	0.186*** (0.043)	4.316	0.151*** (0.042)	3.558
TR_4			0.109** (0.047)	2.334	0.072 (0.045)	1.624	0.028 (0.044)	0.640	0.019 (0.044)	0.422	0.008 (0.043)	0.185
HCI_1					0.278*** (0.026)	10.654					0.097*** (0.031)	3.096
HCI_2							0.409*** (0.032)	12.824			0.214*** (0.042)	5.043
HCI_3									0.410*** (0.032)	12.616	0.208*** (0.043)	4.901
R^2	0.062		0.195		0.268		0.296		0.293		0.324	
调整 R^2	0.057		0.188		0.261		0.289		0.287		0.316	
R^2 更改			0.133		0.206		0.234		0.231		0.262	
F	12.671***		27.548***		37.835***		43.585***		42.987***		41.833***	

注：（1）*** 表示在 0.01 水平（双侧）上显著相关，** 表示在 0.05 水平（双侧）上显著相关；（2）括号内数字为各变量的标准误差；（3）N=1151。

表7-16 人力资本投资三个维度对工作特征和任务绩效的回归分析结果

变量	M_1		M_2		M_3		M_4		M_5		M_6	
	B	t	B	t	B	t	B	t	B	t	B	t
常数项	3.396*** (0.172)	19.766	1.486*** (0.200)	7.424	1.058*** (0.197)	5.382	0.872*** (0.194)	4.497	1.047*** (0.193)	5.422	0.778*** (0.192)	4.048
1	-0.164*** (0.049)	-3.320	-0.126*** (0.045)	-2.798	-0.091** (0.043)	-2.090	-0.085** (0.042)	-1.996	-0.079* (0.043)	-1.852	-0.068 (0.042)	-1.627
2	0.041** (0.018)	2.219	0.050*** (0.017)	2.968	0.034** (0.016)	2.101	0.032** (0.016)	2.009	0.032** (0.016)	2.022	0.026 (0.016)	1.646
3	0.066*** (0.024)	2.725	0.034 (0.022)	1.521	0.029 (0.021)	1.364	0.023 (0.021)	1.091	0.020 (0.021)	0.959	0.019 (0.021)	0.951
4	0.080** (0.038)	2.099	0.038 (0.035)	1.097	0.023 (0.033)	0.694	0.031 (0.033)	0.961	0.015 (0.033)	0.465	0.018 (0.032)	0.574
5	0.038** (0.016)	2.366	0.045*** (0.015)	3.030	0.035** (0.014)	2.469	0.023 (0.014)	1.599	0.029** (0.014)	2.068	0.021 (0.014)	1.538
6	-0.174*** (0.041)	-4.207	-0.095** (0.038)	-2.480	-0.072* (0.037)	-1.960	-0.043 (0.36)	-1.177	-0.081** (0.036)	-2.241	-0.050 (0.036)	-1.405
JC_1			0.158*** (0.038)	4.169	0.055 (0.038)	1.457	0.079** (0.036)	2.173	0.074** (0.037)	2.029	0.037 (0.037)	1.010
JC_2			0.106*** (0.035)	3.014	0.077** (0.034)	2.288	0.045 (0.033)	1.346	0.062* (0.033)	1.853	0.040 (0.033)	1.231

续表

变量	M_1 B	M_1 t	M_2 B	M_2 t	M_3 B	M_3 t	M_4 B	M_4 t	M_5 B	M_5 t	M_6 B	M_6 t
JC_3			0.057* (0.032)	1.765	0.071** (0.031)	2.277	0.059* (0.030)	1.953	0.050 (0.031)	1.637	0.060** (0.030)	2.006
JC_4			0.124*** (0.034)	3.690	0.1530*** (0.032)	4.726	0.112*** (0.032)	3.550	0.0930*** (0.032)	2.924	0.114*** (0.032)	3.604
JC_5			0.136*** (0.038)	3.606	0.068* (0.037)	1.850	0.053 (0.036)	1.472	0.060* (0.036)	1.667	0.029 (0.036)	0.820
HCI_1					0.271*** (0.027)	10.004					0.098*** (0.032)	3.081
HCI_2							0.388*** (0.031)	12.521			0.224*** (0.041)	5.426
HCI_3									0.3780*** (0.033)	11.592	0.170*** (0.042)	4.007
R^2	0.062		0.224		0.287		0.318		0.306		0.338	
调整 R^2	0.057		0.217		0.279		0.311		0.299		0.33	
R^2更改			0.162		0.225		0.254		0.244		0.276	
F	12.671***		29.939***		38.172***		44.263***		41.857***		41.482***	

注：（1）*** 表示在 0.01 水平（双侧）上显著相关，** 表示在 0.05 水平（双侧）上显著相关；（2）括号内数字为各变量的标准误差；（3）$N=$ 1151。

第五节 总体报酬和工作特征分维度对员工关系绩效的作用机制

由第六章的表6-5可知，总体报酬的薪酬维度与员工关系绩效没有关系，福利、绩效与工作生活平衡和认可与职业发展显著正向影响员工关系绩效，工作特征的反馈性和自主性与员工的关系绩效没有关系，技能多样性和任务完整性显著正向影响员工的关系绩效，任务重要性显著负向影响员工的关系绩效。

一、人力资本投资分维度对总体报酬分维度对关系绩效的中介作用

前文已经进行中介作用的三个步骤，最后一个步骤是检验人力资本投资三个维度在总体报酬四个维度和工作特征五个维度对员工关系绩效的中介作用。以人力资本投资三个维度为中介变量，总体报酬四个维度对员工关系绩效进行回归分析，结果见表7-17。

从表7-17可以看出，在控制变量模型M_2的基础上，加入通用人力资本投资的模型M_3所示，通用人力资本投资显著正向影响员工的关系绩效，广义中介了薪酬对员工关系绩效的影响，部分中介了其他三个维度对员工关系绩效的影响；同理，在控制变量模型M_2的基础上，加入专用人力资本投资的模型M_4所示，专用人力资本投资显著正向影响员工的任务绩效，完全中介了认可与职业发展对员工关系绩效的影响，部分中介了福利、绩效与工作生活平衡对员工关系绩效的影响；在控制变量模型M_2的基础上，加入创新性人力资本投资的模型M_5所示，创新性人力资本投资显著正向影响员工的关系绩效，完全中介了认可与职业发展对员工关系绩效的影响，部分中介了薪酬和绩效与工作生活平衡对员工关系绩效的影响。

二、人力资本投资分维度对工作特征分维度对关系绩效的中介作用

前文已经进行中介作用的三个步骤，最后一个步骤是检验人力资本投资三个维度在工作特征五个维度对员工关系绩效的中介作用。以人力资本投资三个维度为中介变量，工作特征五个维度对员工关系绩效进行回归分析，结果见表7-18。

从表7-18可以看出，在控制变量模型M_2的基础上，加入通用人力资本投资的模型M_3所示，通用人力资本投资显著正向影响员工的关系绩效，完全中介了任务重要性对员工关系绩效的影响，部分中介了技能多样性、任务完整性和反馈性对员工关系绩效的影响；同理，在控制变量模型M_2的基础上，加入专用人力资本投资的模型M_4所示，专用人力资本投资显著正向影响员工的任务绩效，完全中介了任务完整性对员工关系绩效的影响，部分中介了技能多样性、任务完整性和反馈性对员工关系绩效的影响，广义中介了自主性对员工关系绩效的影响；在控制变量模型M_2的基础上，加入创新性人力资本投资的模型M_5所示，创新性人力资本投资显著正向影响员工的关系绩效，广义中介了自主性对员工关系绩效的影响，部分中介了其他四个维度对员工关系绩效的影响。综上所述，表7-17和表7-18进一步验证了假设5b。

表7-17 人力资本投资三个维度对总体报酬和关系绩效的回归分析结果

变量	M_1 B	M_1 t	M_2 B	M_2 t	M_3 B	M_3 t	M_4 B	M_4 t	M_5 B	M_5 t	M_6 B	M_6 t
常数项	3.396***(0.172)	19.766	1.420***(0.173)	8.199	0.569***(0.144)	3.947	0.437***(0.134)	3.269	0.754***(0.152)	4.953	0.219*(0.126)	1.745
1	-0.164***(0.049)	-3.320	-0.066*(0.040)	-1.665	-0.020(0.032)	-0.609	-0.023(0.030)	-0.789	-0.019(0.034)	-0.555	-0.007(0.028)	-0.235
2	0.041**(0.018)	2.219	0.105***(0.015)	7.147	0.074***(0.012)	6.180	0.073***(0.011)	6.557	0.080***(0.013)	6.300	0.063***(0.010)	6.133
3	0.066***(0.024)	2.725	0.043**(0.019)	2.225	0.036**(0.016)	2.283	0.030**(0.015)	2.092	0.028*(0.017)	1.685	0.029**(0.014)	2.112
4	0.080**(0.038)	2.099	0.044(0.030)	1.441	0.014(0.025)	0.587	0.037(0.023)	1.612	0.016(0.026)	0.620	0.020(0.021)	0.941
5	0.038**(0.016)	2.366	0.053***(0.013)	4.009	0.033***(0.011)	3.128	0.012(0.010)	1.221	0.030***(0.011)	2.662	0.012(0.009)	1.291
6	-0.174***(0.041)	-4.207	-0.080**(0.034)	-2.356	-0.047*(0.027)	-1.713	-0.019(0.025)	-0.732	-0.078***(0.029)	-2.706	-0.021(0.024)	-0.885
TR_1			0.054(0.037)	1.466	0.052*(0.030)	1.756	0.035(0.028)	1.277	0.018(0.032)	0.562	0.035(0.026)	1.372
TR_2			0.110***(0.030)	3.643	0.057**(0.024)	2.339	0.039*(0.023)	1.716	0.071***(0.026)	2.751	0.029(0.021)	1.374

续表

变量	M_1		M_2		M_3		M_4		M_5		M_6	
	B	t	B	t	B	t	B	t	B	t	B	t
TR_3			0.234*** (0.039)	5.987	0.134*** (0.032)	4.227	0.072** (0.030)	2.434	0.134*** (0.034)	3.976	0.059** (0.028)	2.123
TR_4			0.145*** (0.040)	3.637	0.084*** (0.032)	2.604	0.016 (0.030)	0.540	0.032 (0.035)	0.914	0.010 (0.028)	0.362
HCI_1					0.467*** (0.019)	24.627					0.241*** (0.020)	11.817
HCI_2							0.655*** (0.022)	29.906			0.446*** (0.028)	16.122
HCI_3									0.517*** (0.025)	20.273	0.072*** (0.028)	2.584
R^2	0.062		0.32		0.556		0.619		0.5		0.671	
调整 R^2	0.057		0.314		0.552		0.615		0.495		0.667	
R^2 更改			0.199		0.435		0.498		0.379		0.55	
F	12.671***		53.619***		129.771***		168.252***		103.637***		178.052***	

注：（1）*** 表示在 0.01 水平（双侧）上显著相关，** 表示在 0.05 水平（双侧）上显著相关；（2）括号内数字为各变量的标准误差；（3）N=1151。

表7-18 人力资本投资三个维度对工作特征和关系绩效的回归分析结果

变量	M_1		M_2		M_3		M_4		M_5		M_6	
	B	t	B	t	B	t	B	t	B	t	B	t
常数项	3.355*** (0.155)	21.600	1.514*** (0.175)	8.675	0.779*** (0.148)	5.259	0.482*** (0.134)	3.603	0.904*** (0.152)	5.936	0.333*** (0.127)	2.631
1	-0.140*** (0.045)	-3.142	-0.109*** (0.039)	-2.759	-0.047 (0.033)	-1.452	-0.039 (0.029)	-1.322	-0.043 (0.034)	-1.285	-0.019 (0.028)	-0.704
2	0.099*** (0.017)	5.935	0.100*** (0.015)	6.799	0.072*** (0.012)	5.932	0.069*** (0.011)	6.342	0.075*** (0.013)	5.969	0.061*** (0.010)	5.931
3	0.082*** (0.022)	3.777	0.051*** (0.019)	2.665	0.043*** (0.016)	2.711	0.033** (0.014)	2.298	0.033** (0.017)	1.969	0.031** (0.014)	2.323
4	0.092*** (0.034)	2.675	0.048 (0.030)	1.589	0.022 (0.025)	0.894	0.037 (0.022)	1.635	0.016 (0.026)	0.635	0.023 (0.021)	1.074
5	0.046*** (0.015)	3.145	0.046*** (0.013)	3.564	0.029*** (0.011)	2.732	0.008 (0.010)	0.852	0.024** (0.011)	2.172	0.008 (0.009)	0.841
6	-0.206*** (0.037)	-5.493	-0.115*** (0.033)	-3.448	-0.076*** (0.028)	-2.738	-0.027 (0.025)	-1.082	-0.096*** (0.029)	-3.361	-0.031 (0.024)	-1.305
JC_1			0.248*** (0.033)	7.495	0.071** (0.029)	2.482	0.114*** (0.025)	4.575	0.131*** (0.029)	4.549	0.050** (0.024)	2.080
JC_2			0.139*** (0.031)	4.548	0.090*** (0.025)	3.545	0.037 (0.023)	1.596	0.078*** (0.026)	2.968	0.033 (0.022)	1.532

续表

变量	M_1		M_2		M_3		M_4		M_5		M_6	
	B	t	B	t	B	t	B	t	B	t	B	t
JC_3			-0.049* (0.028)	-1.723	-0.25 (0.023)	-1.077	-0.045** (0.021)	-2.151	-0.058** (0.024)	-2.416	-0.037* (0.020)	-1.851
JC_4			-0.039 (0.029)	-1.317	0.011 (0.024)	0.461	-0.059*** (0.022)	-2.708	-0.081*** (0.025)	-3.228	-0.36* (0.021)	-1.752
JC_5			0.259*** (0.033)	7.874	0.142*** (0.028)	5.128	0.119*** (0.025)	4.808	0.154*** (0.029)	5.382	0.087*** (0.024)	3.712
HCI_1					0.466*** (0.020)	22.850					0.220*** (0.021)	10.440
HCI_2							0.652*** (0.021)	30.555			0.465*** (0.027)	17.062
HCI_3									0.526*** (0.026)	20.426	0.085*** (0.028)	3.027
R^2	0.121		0.323		0.536		0.628		0.504		0.67	
调整 R^2	0.116		0.316		0.531		0.624		0.499		0.666	
R^2 更改			0.202		0.415		0.507		0.383		0.549	
F	26.156***		49.329***		109.419***		160.045***		96.508***		164.751***	

注：（1）*** 表示在 0.01 水平（双侧）上显著相关，** 表示在 0.05 水平（双侧）上显著相关；（2）括号内数字为各变量的标准误差；（3）N=1151。

第六节 总体报酬和工作特征分维度对员工绩效的作用机制

由第六章的表6-6可知，总体报酬的薪酬、福利、绩效与工作生活平衡和认可与职业发展显著正向影响员工绩效，工作特征的任务重要性和自主性与员工绩效没有关系，技能多样性、任务完整性和反馈性显著正向影响员工的绩效。

一、人力资本投资分维度对总体报酬分维度对绩效的中介作用

前文已经进行中介作用的三个步骤，最后一个步骤是检验人力资本投资三个维度在总体报酬四个维度和工作特征五个维度对员工绩效的中介作用。以人力资本投资三个维度为中介变量，总体报酬四个维度对员工绩效进行回归分析，结果见表7-19。

从表7-19可以看出，在控制变量模型M_2的基础上，加入通用人力资本投资的模型M_3所示，通用人力资本投资显著正向影响员工的绩效，完全中介了福利对员工绩效的影响，部分中介了薪酬、绩效与工作生活平衡和认可与职业发展对员工绩效的影响；同理，在控制变量模型M_2的基础上，加入专用人力资本投资的模型M_4所示，专用人力资本投资显著正向影响员工绩效，完全中介了福利和认可与职业发展对员工绩效的影响，部分中介了薪酬和绩效与工作生活平衡对员工绩效的影响；在控制变量模型M_2的基础上，加入创新性人力资本投资的模型M_5所示，创新性人力资本投资显著正向影响员工的绩效，完全中介了薪酬、福利和认可与职业发展对员工绩效的影响，部分中介了绩效与工作生活平衡对员工绩效的影响。

二、人力资本投资分维度和工作特征分维度对绩效的中介作用

前文已经进行中介作用的三个步骤，最后一个步骤是检验人力资本投资三个维度在工作特征五个维度对员工绩效的中介作用。以人力资本投资三个维度为中介变量，工作特征五个维度对员工绩效进行回归分析，结果见表7-20。

从表7-20可以看出，在控制变量模型M_2的基础上，加入通用人力资本投资的模型M_3所示，通用人力资本投资显著正向影响员工的绩效，广义中介了自主性对员工绩效的影响，部分中介了技能多样性、任务完整性和反馈性对员工绩效的影响；同理，在控制变量模型M_2的基础上，加入专用人力资本投资的模型M_4所示，专用人力资本投资显著正向影响员工的绩效，部分中介了技能多样性、任务完整性和反馈性对员工绩效的影响；在控制变量模型M_2的基础上，加入创新性人力资本投资的模型M_5所示，创新性人力资本投资显著正向影响员工绩效，部分中介了技能多样性、任务完整性和反馈性对员工绩效的影响。综上所述，表7-19和表7-20进一步验证了假设5。

表7-19 人力资本投资三个维度对总体报酬和员工绩效的回归分析结果

变量	M_1 B	M_1 t	M_2 B	M_2 t	M_3 B	M_3 t	M_4 B	M_4 t	M_5 B	M_5 t	M_6 B	M_6 t
常数项	3.396*** (0.172)	19.766	1.581*** (0.161)	9.839	0.902*** (0.143)	6.320	0.783*** (0.135)	5.798	0.984*** (0.143)	6.887	0.597*** (0.130)	4.606
1	-0.164*** (0.049)	-3.320	-0.084** (0.037)	-2.300	-0.047 (0.032)	-1.496	-0.050* (0.030)	-1.668	-0.042 (0.032)	-1.325	-0.034 (0.029)	-1.174
2	0.041** (0.018)	2.219	0.077*** (0.014)	5.667	0.052*** (0.012)	4.427	0.051*** (0.011)	4.555	0.055*** (0.012)	4.595	0.043*** (0.011)	4.012
3	0.066*** (0.024)	2.725	0.037** (0.018)	2.049	0.031** (0.016)	1.997	0.027* (0.015)	1.808	0.023 (0.016)	1.493	0.024* (0.014)	1.696
4	0.080** (0.038)	2.099	0.038 (0.028)	1.331	0.014 (0.024)	0.580	0.032 (0.023)	1.383	0.013 (0.025)	0.522	0.016 (0.022)	0.724
5	0.038** (0.016)	2.366	0.051*** (0.012)	4.166	0.035*** (0.011)	3.351	0.018* (0.010)	1.780	0.031*** (0.011)	2.877	0.017* (0.010)	1.805
6	-0.174*** (0.041)	-4.207	-0.074** (0.031)	-2.362	-0.048* (0.027)	-1.769	-0.024 (0.026)	-0.956	-0.073*** (0.027)	-2.682	-0.031 (0.024)	-1.272
TR_1			0.064* (0.034)	1.869	0.063** (0.029)	2.122	0.049* (0.028)	1.747	0.031 (0.030)	1.058	0.044* (0.027)	1.657
TR_2			0.065** (0.028)	2.322	0.023 (0.024)	0.948	0.007 (0.023)	0.321	0.030 (0.024)	1.249	-0.000 (0.022)	-0.013

续表

变量	M_1 B	M_1 t	M_2 B	M_2 t	M_3 B	M_3 t	M_4 B	M_4 t	M_5 B	M_5 t	M_6 B	M_6 t
TR_3			0.249*** (0.036)	6.881	0.170*** (0.031)	5.398	0.118*** (0.030)	3.937	0.160*** (0.032)	5.046	0.105*** (0.029)	3.675
TR_4			0.127*** (0.037)	3.426	0.078** (0.032)	2.444	0.022 (0.031)	0.729	0.025 (0.033)	0.773	0.009 (0.029)	0.313
HCI_1					0.372*** (0.019)	19.842					0.169*** (0.021)	8.027
HCI_2							0.532*** (0.022)	24.067			0.330*** (0.029)	11.561
HCI_3									0.463*** (0.024)	19.356	0.140*** (0.029)	4.897
R^2	0.062		0.313		0.489		0.545		0.483		0.588	
调整 R^2	0.057		0.307		0.484		0.54		0.478		0.583	
R^2更改			0.204		0.38		0.436		0.374		0.479	
F	12.671***		51.914***		99.246***		123.788***		96.723***		124.894***	

注：(1) *** 表示在 0.01 水平（双侧）上显著相关，** 表示在 0.05 水平（双侧）上显著相关；(2) 括号内数字为各变量的标准误差；(3) N=1151。

147

表7-20 人力资本投资三个维度对工作特征和员工绩效的回归分析结果

变量	M_1 B	M_1 t	M_2 B	M_2 t	M_3 B	M_3 t	M_4 B	M_4 t	M_5 B	M_5 t	M_6 B	M_6 t
常数项	3.376*** (0.144)	23.394	1.500*** (0.161)	9.335	0.919*** (0.144)	6.365	0.677*** (0.135)	5.009	0.976*** (0.143)	6.800	0.556*** (0.130)	4.259
1	-0.152*** (0.041)	-3.668	-0.117*** (0.036)	-3.241	-0.069*** (0.032)	-2.169	-0.062** (0.030)	-2.086	-0.061* (0.032)	-1.928	-0.044 (0.028)	-1.540
2	0.070*** (0.015)	4.515	0.075*** (0.014)	5.541	0.053*** (0.012)	4.475	0.051*** (0.011)	4.579	0.054*** (0.012)	4.530	0.044*** (0.011)	4.091
3	0.074*** (0.020)	3.655	0.043** (0.018)	2.395	0.036** (0.016)	2.320	0.028* (0.014)	1.920	0.026* (0.016)	1.691	0.025* (0.014)	1.828
4	0.086*** (0.032)	2.690	0.043 (0.028)	1.546	0.023 (0.024)	0.932	0.034 (0.023)	1.498	0.016 (0.024)	0.650	0.021 (0.022)	0.944
5	0.042*** (0.014)	3.101	0.046*** (0.012)	3.822	0.032*** (0.011)	3.084	0.015 (0.010)	1.569	0.027** (0.011)	2.544	0.015 (0.009)	1.541
6	-0.190*** (0.035)	-5.461	-0.105*** (0.031)	-3.417	-0.074*** (0.027)	-2.740	-0.035 (0.025)	-1.380	-0.089*** (0.027)	-3.292	-0.040* (0.024)	-1.668
JC_1			0.203*** (0.030)	6.667	0.063** (0.028)	2.266	0.096*** (0.025)	3.823	0.103*** (0.027)	3.780	0.044* (0.025)	1.754
JC_2			0.123*** (0.028)	4.347	0.084*** (0.025)	3.377	0.041* (0.023)	1.756	0.070*** (0.025)	2.822	0.037* (0.022)	1.650

续表

变量	M_1		M_2		M_3		M_4		M_5		M_6	
	B	t	B	t	B	t	B	t	B	t	B	t
JC_3			0.004 (0.026)	0.163	0.023 (0.023)	0.998	0.007 (0.021)	0.337	-0.004 (0.023)	-0.181	0.012 (0.020)	0.579
JC_4			0.043 (0.027)	1.582	0.082*** (0.024)	3.456	0.027 (0.022)	1.207	0.006 (0.024)	0.253	0.039* (0.021)	1.803
JC_5			0.198*** (0.030)	6.522	0.105*** (0.027)	3.892	0.086*** (0.025)	3.435	0.107*** (0.027)	3.979	0.058** (0.024)	2.406
HCI_1					0.368*** (0.020)	18.541					0.159*** (0.022)	7.337
HCI_2							0.520*** (0.022)	24.101			0.345*** (0.028)	12.279
HCI_3									0.452*** (0.024)	18.643	0.128*** (0.029)	4.420
R^2	0.109		0.326		0.483		0.554		0.484		0.589	
调整 R^2	0.105		0.32		0.477		0.549		0.478		0.584	
R^2 更改			0.217		0.374		0.445		0.375		0.48	
F	23.383***		50.152***		88.455***		117.784***		88.924***		116.350***	

注：(1) *** 表示在 0.01 水平（双侧）上显著相关，** 表示在 0.05 水平（双侧）上显著相关；(2) 括号内数字为各变量的标准误差；(3) N=1151。

149

第七节 人力资本投资的中介效应稳健性检验

前文已经验证了人力资本投资在总体报酬、工作特征对员工绩效（任务绩效和关系绩效）影响的中介作用，基于本书采用的是最小二乘法，采用了Sobel检验法和Bootstrap法检验人力资本投资中介效应的稳健性。

根据总体报酬和工作特征对员工绩效（任务绩效和关系绩效）的影响机制，运用SPSS21.0统计分析计算出Z值和人力资本投资的Bootstrap置信区间，具体结果见表7-21。

表7-21 人力资本投资中介效应稳健性检验

变量		人力资本投资中介效应的稳健性检验		
		Sobe检验Z值	Bootstrap（95%置信区间）	
因变量	自变量		P置信区间	BC置信区间
TP	TR	12.5692***	(0.2431, 0.3474)	(0.2460, 0.3497)
	JC	11.9443***	(0.0070, 0.0100)	(0.0070, 0.0100)
RP	TR	17.7077***	(0.3906, 0.4960)	(0.3913, 0.4994)
	JC	15.8659***	(0.0122, 0.0155)	(0.0121, 0.0155)
P	TR	16.7618***	(0.3219, 0.4181)	(0.3235, 0.4185)
	JC	15.1960***	(0.0097, 0.0126)	(0.0097, 0.0126)

注：（1）*** 表示在0.01水平（双侧）上显著相关，** 表示在0.05水平（双侧）上显著相关；（2）括号内数字为各变量的标准误差；（3）N=1151。

从表7-21可知，总体报酬和工作特征的Sobel检验结果6个Z值，最小的Z值是工作特征对任务绩效的检验值11.9443，大于1.96，并且P值都小于0.01，Sobel的检验结果表明人力资本投资能够在总体报酬和工作特征对员工绩效（任务绩效和关系绩效）的影响中产生中介效应。另外，Bootstrap 的置信区间，无论是 P 值还是 BC 值都不包括 0，进一步证实了 Sobel 的检验结果，表明人力资本投资中介效应的稳健性。总体上来看，人力资本投资能够在总体报酬和工作特征对员工绩效（任务绩效和关系绩效）的影响产生中介效应。

第八章　成就动机的调节作用

第七章已经验证了人力资本投资在总体报酬、工作特征对员工绩效（任务绩效和关系绩效）的中介作用假设，本章把成就动机作为调节变量引入构建的理论模型。

第一节　成就动机的直接调节作用

根据构建的理论模型，本研究模型是由总体报酬和工作特征组成的双自变量模型，我们要分开进行分析和研究。根据温忠麟（2012）关于调节变量的检验方法，把所有变量进行中心化处理，建立回归方程（8-1）即 P（TP，RP）对 TR（JC），ACM 和 TR×ACM（JC×ACM）的回归：

$$Y = c_0 + c_1 X + c_2 U + c_3 UX + e_i \qquad (8-1)$$

如果 c_3 显著，应当考虑调节了直接效应的模型；如果 c_3 不显著，则应当考虑调节了间接效应的模型。

一、成就动机在总体报酬、工作特征对员工任务绩效的调节作用

以成就动机为调节变量，总体报酬和工作特征分别为自变量，员工任务绩效为因变量进行回归分析，具体结果见表8-1。

表8-1　成就动机调节总体报酬、工作特征对员工任务绩效的回归分析结果

变量	M_1		M_2		M_3		M_4	
	B	t	B	t	B	t	B	t
常数项	3.396*** (0.172)	19.766	1.607*** (0.204)	7.886	2.677*** (0.162)	16.477	1.928*** (0.202)	9.552
1	−0.164*** (0.049)	−3.320	−0.079* (0.046)	−1.710	−0.114** (0.045)	−2.524	−0.089** (0.045)	−1.994
2	0.041** (0.018)	2.219	0.040** (0.017)	2.388	0.049*** (0.017)	2.960	0.048*** (0.016)	2.914
3	0.066*** (0.024)	2.725	0.037* (0.022)	1.654	0.038* (0.022)	1.721	0.032 (0.022)	1.459
4	0.080** (0.038)	2.099	0.027 (0.035)	0.769	0.021 (0.035)	0.613	0.014 (0.034)	0.403
5	0.038** (0.016)	2.366	0.042*** (0.015)	2.818	0.047*** (0.015)	3.195	0.047*** (0.015)	3.216
6	−0.174*** (0.041)	−4.207	−0.062 (0.039)	−1.589	−0.085** (0.038)	−2.246	−0.054 (0.038)	−1.423
TR			0.496*** (0.036)	13.664			0.274*** (0.045)	6.091
JC					0.017*** (0.001)	14.955	0.012*** (0.001)	8.124
ACM			0.588*** (0.115)	5.105	0.230*** (0.045)	5.075	0.458*** (0.114)	4.028
TR×ACM			−0.149*** (0.034)	−4.389			−0.094*** (0.038)	−2.503
JC×ACM					−0.003*** (0.001)	−2.771	−0.001 (0.001)	−0.824
R^2	0.062		0.208		0.232		0.256	
调整 R^2	0.057		0.202		0.226		0.249	
R^2更改			0.146		0.17		0.194	
F	12.671***		33.375***		38.236***		35.620***	

注：（1）*** 表示在0.01水平（双侧）上显著相关，** 表示在0.05水平（双侧）上显著相关，* 表示在0.1水平（双侧）上显著相关；（2）括号内为标准误差；（3）样本数为1151。

从表8-1可以看出，在控制变量模型 M_1 的基础上，加入总体报酬、成就动机和总体报酬与成就动机的交互项模型 M_2 所示，员工任务绩效分别与总体报酬（β=0.496，P<0.01，模型2）和成就动机（β=0.588，P<0.01，模型2）显著正相关，员工任务绩效与总体报酬和成就动机的交互项显著负相关（β=-0.149，P<0.01，模型2），表明成就动机直接调节了总体报酬对员工任务绩效的影响；在控制变量模型 M_1 的基础上，加入工作特征、成就动机和工作特征与成就动机的交互项模型 M_3 所示，员工任务绩效分别与工作特征（β=0.017，P<0.01，模型3）和成就动机（β=0.230，P<0.01，模型3）显著正相关，员工任务绩效与工作特征和成就动机的交互项显著负相关（β=-0.003，P<0.01，模型3），表明成就动机直接调节了工作特征对员工任务绩效的影响。综上所述，验证了假设6a。

二、成就动机在总体报酬、工作特征对员工关系绩效的调节作用

以成就动机为调节变量，总体报酬和工作特征分别为自变量，员工关系绩效为因变量进行回归分析，具体结果见表8-2。

表8-2 成就动机调节总体报酬、工作特征对员工关系绩效的回归分析结果

变量	M_1		M_2		M_3		M_4	
	B	t	B	t	B	t	B	t
常数项	3.355*** (0.155)	21.600	1.287*** (0.167)	7.694	2.663*** (0.141)	18.928	1.483*** (0.168)	8.827
1	-0.140*** (0.045)	-3.142	-0.024 (0.038)	-0.631	-0.070* (0.039)	-1.789	-0.030 (0.037)	-0.812
2	0.099*** (0.017)	5.935	0.093*** (0.014)	6.713	0.100*** (0.014)	6.921	0.098*** (0.014)	7.148
3	0.082*** (0.022)	3.777	0.046** (0.018)	2.477	0.054*** (0.019)	2.852	0.042** (0.018)	2.336

续表

变量	M_1		M_2		M_3		M_4	
	B	t	B	t	B	t	B	t
4	0.092*** (0.034)	2.675	0.018 (0.029)	0.614	0.022 (0.030)	0.735	0.010 (0.028)	0.338
5	0.046*** (0.015)	3.145	0.051*** (0.012)	4.114	0.054*** (0.013)	4.211	0.053*** (0.012)	4.408
6	−0.206*** (0.037)	−5.493	−0.067** (0.032)	−2.076	−0.114*** (0.033)	−3.469	−0.062* (0.032)	−1.952
TR			0.566*** (0.030)	18.980			0.430*** (0.037)	11.490
JC					0.016*** (0.001)	15.734	0.007*** (0.001)	5.968
ACM			0.681*** (0.095)	7.199	0.347*** (0.039)	8.851	0.601*** (0.095)	6.355
TR×ACM			−0.145*** (0.028)	−5.208			−0.112*** (0.031)	−3.557
JC×ACM					−0.004*** (0.001)	−3.480	−0.001 (0.001)	−0.617
R^2	0.121		0.388		0.339		0.409	
调整 R^2	0.116		0.383		0.334		0.403	
R^2更改			0.267		0.218		0.288	
F	26.156***		80.457***		65.065***		71.543***	

注：（1）*** 表示在 0.01 水平（双侧）上显著相关，** 表示在 0.05 水平（双侧）上显著相关，* 表示在 0.1 水平（双侧）上显著相关；（2）括号内为标准误差；（3）样本数为1151。

从表8-2可以看出，在控制变量模型 M_1 的基础上，加入总体报酬、成就动机和总体报酬与成就动机的交互项模型 M_2 所示，员工关系绩效分别与总体报酬（$\beta=0.566$，$P<0.01$，模型2）和成就动机（$\beta=0.681$，$P<0.01$，模型2）显著正相关，员工关系绩效与总体报酬和成就动机的交互项显著负相关（$\beta=-0.145$，$P<0.01$，模型2），表明成就动机直接调节了总体报酬对员工关系绩效的影响；在控制变量模型 M_1 的基础上，加入

工作特征、成就动机和工作特征与成就动机的交互项模型 M_3 所示，员工关系绩效分别与工作特征（$\beta=0.016$，$P<0.01$，模型 3）和成就动机（$\beta=0.347$，$P<0.01$，模型 3）显著正相关，员工关系绩效与工作特征和成就动机的交互项显著负相关（$\beta=-0.004$，$P<0.01$，模型 3），表明成就动机直接调节了工作特征对员工关系绩效的影响。综上所述，验证了假设 6b。

三、成就动机在总体报酬、工作特征对员工绩效的调节作用

以成就动机为调节变量，总体报酬和工作特征分别为自变量，员工绩效为因变量进行回归分析，具体结果见表 8-3。

表 8-3 成就动机调节总体报酬、工作特征对员工绩效的回归分析结果

变量	M_1		M_2		M_3		M_4	
	B	t	B	t	B	t	B	t
常数项	3.376*** (0.144)	23.394	1.447*** (0.158)	9.153	2.670*** (0.129)	20.667	1.706*** (0.156)	10.919
1	-0.152*** (0.041)	-3.668	-0.051 (0.036)	-1.436	-0.092** (0.036)	-2.561	-0.060* (0.034)	-1.725
2	0.070*** (0.015)	4.515	0.067*** (0.013)	5.090	0.075*** (0.013)	5.630	0.073*** (0.013)	5.727
3	0.074*** (0.020)	3.655	0.041** (0.017)	2.376	0.046*** (0.017)	2.635	0.037** (0.017)	2.199
4	0.086*** (0.032)	2.690	0.022 (0.027)	0.821	0.022 (0.028)	0.786	0.012 (0.026)	0.442
5	0.042*** (0.014)	3.101	0.046*** (0.012)	3.993	0.050*** (0.012)	4.302	0.050*** (0.011)	4.449
6	-0.190*** (0.035)	-5.461	-0.064** (0.030)	-2.123	-0.100*** (0.030)	-3.300	-0.058** (0.029)	-1.969

续表

变量	M_1		M_2		M_3		M_4	
	B	t	B	t	B	t	B	t
TR			0.531*** (0.028)	18.847			0.352*** (0.035)	10.116
JC					0.016*** (0.001)	17.970	0.009*** (0.001)	8.459
ACM			0.635*** (0.089)	7.098	0.288*** (0.036)	8.011	0.529*** (0.088)	6.021
TR×ACM			-0.147*** (0.026)	-5.584			-0.103*** (0.029)	-3.531
JC×ACM					-0.003*** (0.001)	-3.637	-0.001 (0.001)	-0.864
R^2	0.109		0.358		0.346		0.4	
调整 R^2	0.105		0.353		0.341		0.394	
R^2 更改			0.249		0.237		0.291	
F	23.383***		70.817***		67.005***		69.017***	

注：（1）*** 表示在 0.01 水平（双侧）上显著相关，** 表示在 0.05 水平（双侧）上显著相关，* 表示在 0.1 水平（双侧）上显著相关；（2）括号内为标准误差；（3）样本数为 1151。

从表 8-3 可以看出，在控制变量模型 M_1 的基础上，加入总体报酬、成就动机和总体报酬与成就动机的交互项模型 M_2 所示，员工关系绩效分别与总体报酬（β=0.531，P<0.01，模型 2）和成就动机（β=0.635，P<0.01，模型 2）显著正相关，员工关系绩效与总体报酬和成就动机的交互项显著负相关（β=-0.147，P<0.01，模型 2），表明成就动机直接调节了总体报酬对员工绩效的影响；在控制变量模型 M_1 的基础上，加入工作特征、成就动机和工作特征与成就动机的交互项模型 M_3 所示，员工绩效分别与工作特征（β=0.016，P<0.01，模型 3）和成就动机（β=0.288，P<

0.01，模型3）显著正相关，员工绩效与工作特征和成就动机的交互项显著负相关（$\beta=-0.003$，$P<0.01$，模型3），表明成就动机直接调节了工作特征对员工绩效的影响。综上所述，验证了假设6。

综上所述，成就动机直接调节了总体报酬、工作特征对员工任务绩效、员工关系绩效和员工绩效的影响。基于构建的理论模型既包括调节变量，也包括中介变量，接下来分析成就动机是否间接调节总体报酬、工作特征对员工任务绩效、员工关系绩效和员工绩效的影响。

第二节 成就动机的间接调节作用

成就动机直接调节总体报酬、工作特征对员工绩效（员工任务绩效和员工关系绩效）的影响已经得到验证，成就动机的间接调解作用从自变量对中介变量，中介变量对因变量的影响进行分析和研究。

一、成就动机调节总体报酬、工作特征对人力资本投资的影响

以成就动机为调节变量，总体报酬和工作特征分别为自变量，人力资本投资为因变量进行回归分析，具体结果见表8-4。

表8-4 成就动机调节总体报酬、工作特征对人力资本投资的回归分析结果

变量	M_1		M_2		M_3		M_4	
	B	t	B	t	B	t	B	t
常数项	3.620*** (0.140)	25.792	1.462*** (0.156)	9.373	2.781*** (0.124)	22.515	1.735*** (0.153)	11.323
1	-0.169*** (0.042)	-4.032	-0.054 (0.035)	-1.541	-0.095*** (0.035)	-2.697	-0.061* (0.034)	-1.824

续表

变量	M_1		M_2		M_3		M_4	
	B	t	B	t	B	t	B	t
2	0.045*** (0.016)	2.884	0.042*** (0.013)	3.289	0.050*** (0.013)	3.838	0.049*** (0.012)	3.946
3	0.005 (0.040)	0.117	0.039 (0.033)	1.183	0.007 (0.033)	0.215	0.030 (0.032)	0.949
4	0.090*** (0.032)	2.790	0.018 (0.027)	0.656	0.018 (0.027)	0.652	0.006 (0.026)	0.247
5	0.041*** (0.014)	2.949	0.047*** (0.011)	4.172	0.051*** (0.011)	4.427	0.051*** (0.011)	4.704
6	−0.187*** (0.035)	−5.340	−0.045 (0.030)	−1.509	−0.085*** (0.029)	−2.866	−0.037 (0.028)	−1.299
TR			0.544*** (0.028)	19.753			0.354*** (0.034)	10.465
JC					0.017*** (0.001)	18.963	0.010*** (0.001)	9.145
ACM			0.504*** (0.087)	5.774	0.297*** (0.035)	8.440	0.397*** (0.085)	4.657
TR×ACM			−0.096*** (0.026)	−3.726			−0.054* (0.028)	−1.901
JC×ACM					−0.002*** (0.001)	−2.631	−0.001 (0.001)	−0.605
R^2	0.083		0.379		0.367		0.426	
调整 R^2	0.079		0.374		0.362		0.421	
R^2更改			0.296		0.284		0.343	
F	17.358***		77.297***		73.633***		76.953***	

注：（1）*** 表示在 0.01 水平（双侧）上显著相关，** 表示在 0.05 水平（双侧）上显著相关，* 表示在 0.1 水平（双侧）上显著相关；（2）括号内为标准误差；（3）样本数为 1151。

从表8-4可以看出，在控制变量模型M_1的基础上，加入总体报酬、成就动机和总体报酬与成就动机的交互项模型M_2所示，人力资本投资分别与总体报酬（$\beta=0.544$，$P<0.01$，模型2）和成就动机（$\beta=0.504$，$P<0.01$，模型2）显著正相关，人力资本投资与总体报酬和成就动机的交互项显著负相关（$\beta=-0.096$，$P<0.01$，模型2），表明成就动机直接调节了总体报酬对人力资本投资的影响；在控制变量模型M_1的基础上，加入工作特征、成就动机和工作特征与成就动机的交互项模型M_3所示，人力资本投资分别与工作特征（$\beta=0.017$，$P<0.01$，模型3）和成就动机（$\beta=0.297$，$P<0.01$，模型3）显著正相关，人力资本投资与工作特征和成就动机的交互项显著负相关（$\beta=-0.002$，$P<0.01$，模型3），表明成就动机直接调节了工作特征对人力资本投资的影响。

结合理论模型和成就动机对总体报酬、工作特征对员工绩效（任务绩效和关系绩效）的直接调节作用，表8-4的分析结果验证了成就动机调节了总体报酬、工作特征、人力资本投资和员工绩效（任务绩效和关系绩效）的前半路径，接下来分析成就动机是否调节总体报酬、工作特征、人力资本投资和员工绩效（任务绩效和关系绩效）的后半路径。

二、成就动机调节人力资本投资对员工绩效的影响

以成就动机为调节变量，人力资本投资为自变量，员工绩效（任务绩效和关系绩效）为因变量进行回归分析，具体结果见表8-5。

从表8-5可以看出，在控制变量模型M_1的基础上，加入人力资本投资、成就动机和人力资本投资与成就动机的交互项模型M_2所示，员工任

务绩效与人力资本投资（$\beta=0.600$，$P<0.01$，模型2）显著正相关，员工任务绩效与人力资本投资和成就动机的交互项显著负相关（$\beta=-0.039$，$P<0.05$，模型2），表明成就动机直接调节了人力资本投资对员工任务绩效的影响；在控制变量模型M_3的基础上，加入人力资本投资、成就动机和人力资本投资与成就动机的交互项模型M_4所示，员工关系绩效分别与人力资本投资（$\beta=0.804$，$P<0.01$，模型4）和成就动机（$\beta=0.078$，$P<0.01$，模型4）显著正相关，员工关系绩效与人力资本投资和成就动机的交互项显著负相关（$\beta=-0.047$，$P<0.01$，模型4），表明成就动机直接调节了人力资本投资对员工关系绩效的影响；在控制变量模型M_5的基础上，加入人力资本投资、成就动机和人力资本投资与成就动机的交互项模型M_6所示，员工绩效分别与人力资本投资（$\beta=0.702$，$P<0.01$，模型6）和成就动机（$\beta=0.042$，$P<0.01$，模型6）显著正相关，员工关系绩效与人力资本投资和成就动机的交互项显著负相关（$\beta=-0.043$，$P<0.01$，模型6），表明成就动机直接调节了人力资本投资对员工绩效的影响。

综上所述，表8-5的分析结果验证了成就动机调节了总体报酬、工作特征、人力资本投资和员工绩效（任务绩效和关系绩效）的后半路径，结合前文所述，成就动机不仅直接调节了总体报酬、工作特征对员工绩效（任务绩效和关系绩效）的影响，而且间接调节了总体报酬、工作特征、人力资本投资和员工绩效（任务绩效和关系绩效）的前后路径。借鉴Muller等（2005）和温忠麟等（2014）的分析结果，本研究构建的理论模型是有中介的调节模型。

表8-5 成就动机调节人力资本投资对员工绩效（任务绩效和关系绩效）的回归分析结果

变量	任务绩效				关系绩效				绩效			
	M_1		M_2		M_3		M_4		M_5		M_6	
	B	t	B	t	B	t	B	t	B	t	B	t
常数项	3.396*** (0.172)	19.766	1.347*** (0.183)	7.364	3.355*** (0.155)	21.600	0.590*** (0.121)	4.883	3.376*** (0.144)	23.394	0.968*** (0.124)	7.807
1	-0.164*** (0.049)	-3.320	-0.071 (0.043)	-1.648	-0.140*** (0.045)	-3.142	-0.002 (0.028)	-0.055	-0.152*** (0.041)	-3.668	-0.036 (0.029)	-1.242
2	0.041** (0.018)	2.219	0.012 (0.016)	0.766	0.099*** (0.017)	5.935	0.057*** (0.011)	5.380	0.070*** (0.015)	4.515	0.034*** (0.011)	3.184
3	0.066*** (0.024)	2.725	0.029 (0.021)	1.359	0.082*** (0.022)	3.777	0.031** (0.014)	2.233	0.074*** (0.020)	3.655	0.030** (0.014)	2.090
4	0.080** (0.038)	2.099	0.030 (0.033)	0.897	0.092*** (0.034)	2.675	0.014 (0.022)	0.654	0.086*** (0.032)	2.690	0.022 (0.022)	0.980
5	0.038** (0.016)	2.366	0.012 (0.014)	0.877	0.046*** (0.015)	3.145	0.011 (0.009)	1.205	0.042*** (0.014)	3.101	0.012 (0.010)	1.233
6	-0.174*** (0.041)	-4.207	-0.070* (0.036)	-1.920	-0.206*** (0.037)	-5.493	-0.059** (0.024)	-2.456	-0.190*** (0.035)	-5.461	-0.064*** (0.025)	-2.611
HCI			0.600*** (0.032)	18.960			0.804*** (0.021)	38.453			0.702*** (0.021)	32.700
ACM			0.007 (0.024)	0.290			0.078*** (0.016)	4.831			0.042** (0.017)	2.565

162

续表

变量	任务绩效						关系绩效		绩效			
	M_1		M_2		M_3		M_4		M_5		M_6	
	B	t	B	t	B	t	B	t	B	t	B	t
HCI×ACM			-0.039** (0.019)	-2.015			-0.047*** (0.013)	-3.689			-0.043*** (0.013)	-3.282
R^2	0.062		0.301		0.121		0.651		0.109		0.567	
调整 R^2	0.057		0.296		0.116		0.648		0.105		0.564	
R^2 更改			0.239				0.53				0.458	
F	12.671***		54.605***		26.156***		236.129***		23.383***		166.201***	

注：（1）***表示在 0.01 水平（双侧）上显著相关，**表示在 0.05 水平（双侧）上显著相关，*表示在 0.1 水平（双侧）上显著相关；（2）括号内为标准误差；（3）样本数为 1151。

第三节　有中介的调节模型

为了检验有中介的调节效应，在方程（8-1）的基础上，建立 W 对 X，U 和 UX 的回归方程（8-2）和 Y 对 X，U，UX 和 W 的回归方程（8-3），

$$W = a_0 + a_1X + a_2U + a_3UX + e_2 \tag{8-2}$$

$$Y = c_0' + c_1'X + c_2'U + c_3'UX + bW + e_3 \tag{8-3}$$

前文表8-1、表8-2和表8-3验证了回归方程（8-1）的 c_3 显著，表8-4验证了回归方程（8-2）的 a_3 显著，接下来我们分析和验证 b_1 和 c_3' 是否显著？

以成就动机为调节变量，总体报酬、工作特征为自变量，人力资本投资为中介变量，员工绩效（任务绩效和关系绩效）为因变量进行回归分析，具体结果见表8-6和表8-7。

从表8-6可以看出，在控制变量模型 M_1 的基础上，加入总体报酬、成就动机和总体报酬与成就动机的交互项、人力资本投资模型 M_2 所示，员工任务绩效与人力资本投资（$\beta=0.495$，$P<0.01$，模型2）显著正相关，员工任务绩效与总体报酬和成就动机的交互项显著负相关（$\beta=-0.100$，$P<0.05$，模型2）；在控制变量模型 M_3 的基础上，加入总体报酬、成就动机和总体报酬与成就动机的交互项、人力资本投资模型 M_4 所示，员工关系绩效与人力资本投资（$\beta=0.722$，$P<0.01$，模型4）显著正相关，员工关系绩效与总体报酬和成就动机的交互项显著负相关（$\beta=-0.074$，$P<0.01$，模型4）；在控制变量模型 M_5 的基础上，加入总体报酬、成就动机和总体报酬与成就动机的交互项、人力资本投资模型 M_6 所示，员工绩效与人力资本投资（$\beta=0.609$，$P<0.01$，模型6）显著正相

关，员工关系绩效与人力资本投资和成就动机的交互项显著负相关（β=-0.087，$P<0.01$，模型6）。

从表8-7可以看出，在控制变量模型M_1的基础上，加入工作特征、成就动机和工作特征与成就动机的交互项、人力资本投资模型M_2所示，员工任务绩效与人力资本投资（β=0.467，$P<0.01$，模型2）显著正相关，员工任务绩效与总体报酬和成就动机的交互项显著负相关（β=-0.002，$P<0.1$，模型2）；在控制变量模型M_3的基础上，加入工作特征、成就动机和工作特征与成就动机的交互项、人力资本投资模型M_4所示，员工关系绩效与人力资本投资（β=0.765，$P<0.01$，模型4）显著正相关，员工关系绩效与总体报酬和成就动机的交互项显著负相关（β=-0.002，$P<0.01$，模型4）；在控制变量模型M_5的基础上，加入工作特征、成就动机和工作特征与成就动机的交互项、人力资本投资模型M_6所示，员工绩效与人力资本投资（β=0.616，$P<0.01$，模型6）显著正相关，员工关系绩效与人力资本投资和成就动机的交互项显著负相关（β=-0.002，$P<0.01$，模型6）。

综上所述，根据表8-6和表8-7的分析结果，回归方程（8-3）中的b_1和c_3'都显著，结合前文所述的回归方程（8-1）和方程（8-2）的回归系数都显著，因此本研究的理论模式是有中介的调节模型得到了充分的验证。为了进一步验证成就动机的调节作用和成就动机在有中介的调节模型中的调节作用，接下来描述相应的调节效应图。

表8-6 成就动机调节总体报酬、人力资本投资对员工绩效（任务绩效和关系绩效）的回归分析结果

变量	任务绩效				关系绩效				绩效			
	M_1		M_2		M_3		M_4		M_5		M_6	
	B	t	B	t	B	t	B	t	B	t	B	t
常数项	3.396*** (0.172)	19.766	0.883*** (0.196)	4.503	3.355*** (0.155)	21.600	0.232* (0.129)	1.792	3.376*** (0.144)	23.394	0.557*** (0.132)	4.227
1	-0.164*** (0.049)	-3.320	-0.056 (0.193)	-1.304	-0.140*** (0.045)	-3.142	0.010 (0.028)	0.346	-0.152*** (0.041)	-3.668	-0.023 (0.029)	-0.800
2	0.041** (0.018)	2.219	0.019 (0.016)	1.209	0.099*** (0.017)	5.935	0.062*** (0.010)	5.978	0.070*** (0.015)	4.515	0.041*** (0.011)	3.829
3	0.066*** (0.024)	2.725	0.026 (0.021)	1.248	0.082*** (0.022)	3.777	0.029** (0.014)	2.141	0.074*** (0.020)	3.655	0.028** (0.014)	1.977
4	0.080** (0.038)	2.099	0.018 (0.033)	0.540	0.092*** (0.034)	2.675	0.004 (0.021)	0.184	0.086*** (0.032)	2.690	0.011 (0.022)	0.492
5	0.038** (0.016)	2.366	0.019 (0.014)	1.323	0.046*** (0.015)	3.145	0.016* (0.009)	1.739	0.042*** (0.014)	3.101	0.017* (0.009)	1.836
6	-0.174*** (0.041)	-4.207	-0.042 (0.036)	-1.148	-0.206*** (0.037)	-5.493	-0.037 (0.024)	-1.537	-0.190*** (0.035)	-5.461	-0.039 (0.024)	-1.607
TR			0.230*** (0.039)	5.899			0.177*** (0.026)	6.895			0.203*** (0.026)	7.766
ACM			0.334*** (0.108)	3.083			0.311*** (0.071)	4.346			0.322*** (0.073)	4.422

续表

变量	任务绩效				关系绩效				绩效			
	M_1		M_2		M_3		M_4		M_5		M_6	
	B	t	B	t	B	t	B	t	B	t	B	t
TR×ACM			-0.100*** (0.032)	-3.165			-0.074*** (0.021)	-3.544			-0.087*** (0.021)	-4.090
HCI			0.495*** (0.036)	13.701			0.722*** (0.024)	30.303			0.609*** (0.024)	25.040
R^2	0.062		0.32		0.121		0.661		0.109		0.586	
调整 R^2	0.057		0.314		0.116		0.658		0.105		0.582	
R^2 更改			0.258				0.54				0.477	
F	12.671***		53.726***		26.156***		222.456***		23.383***		161.406***	

注：(1) *** 表示在 0.01 水平（双侧）上显著相关，** 表示在 0.05 水平（双侧）上显著相关，* 表示在 0.1 水平（双侧）上显著相关；(2) 括号内为标准误差；(3) 样本数为1151。

表8-7 成就动机调节工作特征、人力资本投资对员工绩效（任务绩效和关系绩效）的回归分析结果

变量	任务绩效				关系绩效				绩效			
	M_1		M_2		M_3		M_4		M_5		M_6	
	B	t	B	t	B	t	B	t	B	t	B	t
常数项	3.396*** (0.172)	19.766	1.418*** (0.179)	7.909	3.355*** (0.155)	21.600	0.598*** (0.121)	4.938	3.376*** (0.144)	23.394	1.001*** (0.016)	8.250975177

续表

变量	任务绩效				关系绩效				绩效			
	M_1		M_2		M_3		M_4		M_5		M_6	
	B	t	B	t	B	t	B	t	B	t	B	t
1	-0.164*** (0.049)	-3.320	-0.072* (0.042)	-1.719	-0.140*** (0.045)	-3.142	-0.002* (0.028)	-0.073	-0.152*** (0.041)	-3.668	-0.037 (0.029)	-1.29718821
2	0.041** (0.018)	2.219	0.026 (0.016)	1.631	0.099*** (0.017)	5.935	0.061*** (0.011)	5.753	0.070*** (0.015)	4.515	0.043*** (0.011)	4.04789204
3	0.066*** (0.024)	2.725	0.024 (0.021)	1.159	0.082*** (0.022)	3.777	0.031** (0.014)	2.253	0.074*** (0.020)	3.655	0.028** (0.014)	1.967543381
4	0.080** (0.038)	2.099	0.013 (0.032)	0.392	0.092*** (0.034)	2.675	0.008 (0.022)	0.366	0.086*** (0.032)	2.690	0.010 (0.022)	0.46939784
5	0.038** (0.016)	2.366	0.023 (0.014)	1.648	0.046*** (0.015)	3.145	0.014 (0.009)	1.495	0.042*** (0.014)	3.101	0.018* (0.009)	1.950598343
6	-0.174*** (0.041)	-4.207	-0.048 (0.036)	-1.346	-0.206*** (0.037)	-5.493	-0.053** (0.024)	-2.193	-0.190*** (0.035)	-5.461	-0.050** (0.024)	-2.07503056
JC			0.009*** (0.001)	7.624			0.003*** (0.001)	3.391			0.006*** (0.001)	7.275086431

变量	任务绩效				关系绩效				绩效			
	M_1		M_2		M_3		M_4		M_5		M_6	
	B	t	B	t	B	t	B	t	B	t	B	t
ACM			0.091** (0.043)	2.098			0.120*** (0.029)	4.077			0.106*** (0.030)	3. 559987687
JC×ACM			-0.002* (0.001)	-1.937			-0.002** (0.001)	-2.278			-0.002** (0.001)	- 2.54988095
HCI			0.467*** (0.036)	13.133			0.765*** (0.024)	31.872			0.616*** (0.024)	25. 43453461
R^2	0.062		0.333		0.121		0.651		0.109		0.583	
调整 R^2	0.057		0.327		0.116		0.647		0.105		0.579	
R^2更改			0.271				0.53				0.474	
F	12.671***		56.830***		26.156***		212.227***		23.383***		159.135***	

注：(1) *** 表示在 0.01 水平（双侧）上显著相关，** 表示在 0.05 水平（双侧）上显著相关，* 表示在 0.1 水平（双侧）上显著相关；(2) 括号内为标准误差；(3) 样本数为 1151。

169

第四节 成就动机的调节效应图

为了直观观察调节效应我们根据成就动机的分组数据，用SPSS21.0进行回归分析，根据回归方程利用 X 的最大值、最小值代入方程描绘出调节效应图。

一、成就动机对总体报酬与人力资本投资的调节效应图

根据SPSS21.0的分析结果，总体报酬对人力资本投资的回归方程如下：

$$Y=0.736+0.652X \quad （低成就动机）$$
$$Y=2.734+0.279X \quad （高成就动机）$$

总体报酬的最低值是1.16，最高值是5，根据总体报酬的取值，总体报酬与成就动机在人力资本投资的交互效应如图8-1所示。

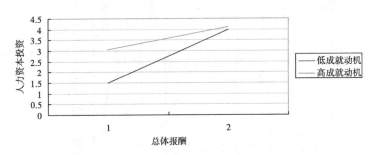

图8-1 总体报酬与成就动机在人力资本投资的交互效应

二、成就动机对工作特征与人力资本投资的调节效应图

根据SPSS21.0的分析结果，工作特征对人力资本投资的回归方程如下：

$$Y=2.299+0.019X \quad （低成就动机）$$
$$Y=3.100+0.012X \quad （高成就动机）$$

工作特征的最低值是1，最高值是125，根据工作特征的取值，工作特征与成就动机在人力资本投资的交互效应如图8-2所示。

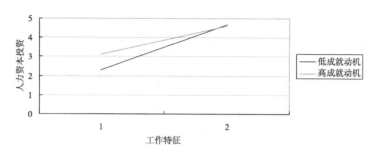

图8-2　工作特征与成就动机在人力资本的交互效应

三、成就动机对总体报酬与绩效的调节效应图

根据SPSS21.0的分析结果，总体报酬对绩效的回归方程如下：

$$Y=0.812+0.693X \quad （低成就动机）$$

$$Y=2.965+0.242X \quad （高成就动机）$$

总体报酬的最低值是1.16，最高值是5，根据总体报酬的取值，总体报酬与成就动机在人力资本投资的交互效应如图8-3所示。

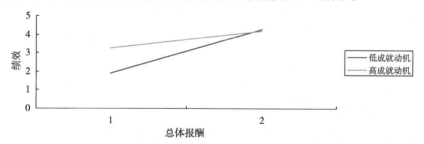

图8-3　总体报酬与成就动机在人力资本投资的交互效应

四、成就动机对工作特征与绩效的调节效应图

根据SPSS21.0的分析结果，工作特征对绩效的回归方程如下：

$$Y=2.528+0.019X \quad （低成就动机）$$

$$Y=3.311+0.009X \quad （高成就动机）$$

　　工作特征的最低值是1，最高值是125，根据工作特征的取值，工作特征与成就动机在人力资本投资的交互效应如图8-4所示。

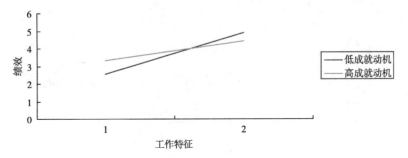

图8-4　工作特征与成就动机在人力资本投资的交互效应

第九章 结论与展望

前八章已对总体报酬、工作特征、人力资本投资和员工绩效（任务绩效和关系绩效）之间的作用机制进行了系统、深入的研究和分析。本章阐述主要结论、实践启示和局限性以及未来研究的方向。

第一节 研究结论

传统对员工绩效的研究主要是从货币报酬研究对任务绩效的促进作用机制，随着报酬理论和绩效理论的发展，本书从包括货币报酬和非货币报酬的总体出发，对包括任务绩效和关系绩效的绩效的作用机制进行研究和分析。其主要结论如下：

（1）总体报酬和工作特征不仅分别正向影响员工绩效（任务绩效和关系绩效），而且共同正向影响员工绩效（任务绩效和关系绩效），虽然总体报酬和工作特征的交互效应负向影响员工绩效（任务绩效和关系绩效），但是弱化效应微弱。

总体报酬的福利维度对员工的任务绩效没有影响，薪酬维度对员工的关系绩效没有影响，并且薪酬维度和福利维度对绩效的影响受工作特征的影响，由显著变为不显著；工作特征的任务重要性维度正向影响员工的任务绩效，负向影响员工的关系绩效，对员工绩效没有影响，自主性维度正向影响员工的任务绩效，负向影响员工的关系绩效，并且自主性维度和反馈性维度对员工关系绩效的影响受总体报酬广义中介作用的影响，由不显著变为显著。通过上述分析，工作特征对总体报酬具有中介作用（甚至是完全中介作用），总体报酬对工作特征具有广义中介作用。

（2）总体报酬和工作特征显著正向影响员工的人力资本投资，人力资本投资以及三个维度都显著正向影响员工绩效（任务绩效和关系绩效）。总体报酬和工作特征有助于企业增加人力资本投资的广度和深度，引导员工增加企业所需要的人力资本数量和质量，为企业获得持续的竞争优势奠定坚实的人力资本储备。

总体报酬的薪酬维度对通用人力资本投资和专用人力资本投资没有影响，其他三个因子都正向影响三种人力资本投资类型；工作特征的自主性维度对专用性人力资本投资没有影响，任务重要性对三种人力资本投资都没有影响，其他三个因子都正向影响三种人力资本投资。

（3）人力资本投资部分中介总体报酬和工作特征对员工绩效（任务绩效和关系绩效）的影响，完全中介了总体报酬和工作特征交互作用对员工绩效（任务绩效和关系绩效）的影响。

通用人力资本投资显著正向影响员工绩效（任务绩效和关系绩效），完全中介了认可与职业发展对员工任务绩效的影响，福利对员工绩效的影响，广义中介了薪酬对员工关系绩效的影响，福利与员工的任务绩效没有关系，薪酬与员工的关系绩效没有关系；专用人力资本投资显著正向影响员工绩效（任务绩效和关系绩效），完全中介了薪酬和认可与职业发展对员工任务绩效，认可与职业发展对员工关系绩效的影响，福利和认可与职业发展对员工绩效的影响，福利与员工的任务绩效没有关系；创新性人力资本投资显著正向影响员工绩效（任务绩效和关系绩效），完全中介了薪酬和认可与职业发展对员工任务绩效的影响，认可与职业发展对员工关系绩效的影响，薪酬、福利和认可与职业发展对员工绩效的影响福利与员工的任务绩效没有关系。

通用人力资本投资显著正向影响员工绩效（任务绩效和关系绩效），完全中介了技能多样性对员工任务绩效的影响，任务重要性对员工关系绩效的影响，广义中介了自主性对员工绩效的影响，自主性对员工关系绩效没有影响，任务重要性对员工绩效没有影响；专用人力资本投资显著正向影响员工绩效（任务绩效和关系绩效），完全中介了任务完整性和反馈性对员工任务绩效的影响，任务完整性对员工关系绩效的影响，广义中介了自主性对员工关系绩效的影响；任务重要性和自主性对员工绩效没有影响；创新性人力资本投资显著正向影响员工绩效（任务绩效和关系绩效），完全中介了任务重要性对员工任务绩效的影响，广义中介了自主性对员工关系绩效的影响，任务重要性和自主性对员工绩效没有影响。

（4）成就动机不仅直接调节总体报酬对员工绩效（任务绩效和关系绩效）的影响，而且间接调节了总体报酬、人力资本投资和员工绩效（任务绩效和关系绩效）的前后路径；成就动机不仅直接调节工作特征对员工绩效（任务绩效和关系绩效）的影响，而且间接调节了工作特征、人力资本投资和员工绩效（任务绩效和关系绩效）的前后路径；成就动机在调节总体报酬和工作特征共同对员工绩效（任务绩效和关系绩效）的影响作用当中，对工作特征的调节作用受总体报酬的影响变得不显著。

第二节　实践启示

本书的结论已经证实总体报酬和工作特征共同正向影响人力资本投资和员工绩效（任务绩效和关系绩效），并且验证了人力资本投资的中介作用机制和成就动机的调节作用机制的假设，获得了有益于提高员工绩效（任务绩效和关系绩效）的管理启示。

（1）积极构建适应中国情境的包括货币报酬和非货币报酬的总体报酬模型。

无论是美国薪酬管理协会的五因子模型还是适应中国情境的四因子

模型，薪酬和福利都是非常重要的因子，因此我们借鉴美国总体报酬模型的高薪酬福利为基础，而不是引入总体报酬就是降低货币报酬，相反是在提高货币福利的基础上重视非货币报酬的激励作用。基于适应中国情境的四因子模型，重视员工的绩效与工作生活平衡，引导员工通过提高自身的绩效实现工作生活平衡，提高自己的工作生活质量，结合中国的高权力距离文化和关系文化，员工要想获得职业发展，必须获得企业和领导的认可。

（2）合理利用基于工作特征模型的工作设计和再设计，促进员工提高绩效。

面对知识经济时代的高学历员工，传统的基于科学管理原理的工作设计已经不符合时代发展的要求，企业要进行系统科学的工作分析，明确工作描述和工作规范，适应工作设计理论的发展，从传统的机械式的工作设计转变为有机式的工作设计，从工作本身对员工进行激励，促进员工提高绩效。

（3）引导员工重视人力资本投资对绩效的支撑作用。

人力资本的发展从无到有，从数量论到质量论，从外在因素到内在因素的发展过程，显示人力资本已经成为经济增长的决定性因素。中国经济已经从要素驱动转变为效率驱动，向创新驱动转变的过程，结合中国经济转型和产业升级，人力资本已经成为企业实现效率驱动向创新驱动转变的关键要素，因此，引导员工重视人力资本投资，提升员工的绩效非常重要。

（4）企业重视员工主观因素——成就动机对员工绩效的影响。

企业不仅要重视客观因素总体报酬和工作特征对员工的激励，而且要重视主观因素成就动机对员工的激励。成就动机本身就是追求更高的目标、更优秀的标准，有助于提高员工的绩效，Atkinson、Mcclelland 和 Weiner 的研究结果表明成就动机强度对员工绩效的影响。本研究也证实了成就动机有助于提高工作绩效，因此企业在设计客观激励因素的同时，也要重视主观因素的激励——提高员工的成就动机水平，从而促进员工绩效的提升。

第三节　局限性和未来展望

从本书的研究结果看，验证了大部分假设，整体上验证了本书所构建的理论模型，效果较好，但是还存在研究的局限性。

（1）本研究用的是横截面数据，属于静态研究，未来可以采用动态研究。

本研究的实证分析数据是从全国26个省、市、自治区调研1151份，虽然具有多渠道、广覆盖的特点保证了数据的真实性和有效性，但是属于静态的一次性数据，不能观察不同要素的动态变化，以及相互作用的变化情况，有待进一步纵向研究，进行动态分析。

（2）本研究对人力资本投资的分类进行了外延扩展，合理性有待验证。

本研究在传统人力资本投资分析的基础上，加入基于未来的人力资本投资类型，探索性因子分析结果是增加了一个维度，对人力资本分类进行了外延拓展，这种分类在本研究是适合的，尽管我们进行了外延扩展的尝试，但还缺乏理论研究的深度，新增的分类的合理性有待进行更多的验证，分析其普适性。

（3）本研究没有进行控制变量的分类对比研究。

由于时间和篇幅所限，本书中没有进行所有制类型、企业规模、不同工作性质分类对比研究，分析对总体报酬、工作特征、人力资本投资、成就动机和员工绩效的影响，下一步可以在模型中引入控制变量的分类研究不同情境下的影响机制。

参考文献

BANK W,2013.China 2030: Building a modern,harmonious,andreativeociety[J].World Bank
    Publications,91(4):36–37.

BECKER B E,HUSELID M A,PICKUS P S,et al,1997.HR as a source of shareholder value:
    research and recommendations[J].Human resource management,36(1):39–47.

BECKER G S,1962.Investment in human capital: atheory analysis[J].Journal of political
    economy,70(S5):9–9.

BECKER G S,1975.Investment in human capital: effects on earnings[J].Journal of political
    economy,70(S5):13–44.

CARNEIRO P M,HECKMAN J J,2003.Human capital policy[J].Social science electronic
    publishing,30(2004):79–100.

COMREY A L,LEE H B,1992.A first course in factor analysis,2nd edition[M].London: Psy-
    chology Press.

DECI E L,1975.Intrinsic motivation[M].New York:Springer US:57.

DECI E L,EGHRARI H,PATRICK B C,et al,1994.Facilitating internalization: the self–de-
    termination theory perspective[J].Journal of personality,62(1):119–142.

DECI E L,RYAN R M,1980.Self–determination theory: when mind mediates behavior[J].
    Journal of mind & behavior,1(1):33–43.

DECI E L,RYAN R M,2008.Facilitating optimal motivation and psychological well–being
    across life's domains[J].Canadian psychology,49(1):14–23.

FARMER S M,KUNG–MCINTYRE K,2003.Employee creativity in taiwan: an application of
    role Identity theory[J].Academy of management journal,46(5):618–630.

GAGNÉ M,SENÉCAL C B,KOESTNER R,1997.Proximal job characteristics,feelings of em-
    powerment,andintrinsic motivation: amultidimensional model[J].Journal of applied social
    psychology,27(14):1222–1240.

HACKMAN J R,LAWLER E E,1971.Employee reactions to job characteristics[J].Journal of applied psychology,55(3):259-286.

HACKMAN J R,OLDHAM G R,1974.The job diagnostic survey:an instrument for the diagnosis of jobs and the evaluation of job redesign projects[J].Affective behavior,4:87.

HACKMAN J R,OLDHAM G R,1975.Development of job diagnostic survey[J].Journal of applied psychology,60(2):159-170.

HACKMAN J R,OLDHAM G R,1976.Motivation through the design of.work:test of a theory [J].Organizational behavior & human performance,16(2):250-279.

HIAM A,2002.Motivational management:inspiring your people for maximum performance[J]. AMACOM.

IDASZAK J R,DRASGOW F,1987.A revision of the job diagnostic survey:elimination of a measurement artifact[J].Journal of applied psychology,72(72):69-74.

JANSSEN O,2000.Job demands,perceptions of effort-reward fairness and innovative work behaviour[J].Journal of occupational and organizational psychology,73(3):287-302.

JR R E L,1989.On the mechanics of economic development[J].Journal of monetary economics,22(1):3-42.

KATRIN NOEFER,RALF STEGMAIER,BEATE MOLTER,et al,2009.A great many things to do and not a minute to spare:can feedback from supervisors moderate the relationship between skill variety,timepressure,and employees' innovative behavior? [J].Creativity research journal,21(4):384-393.

KENT S,ATKINSON R,1998.Security architecture for the internet protocol[J].RFC Editor.

LEPAK D P,SNELL S A,2004.The human resource architecture:toward a theory of human capital allocation and development[J].Academy of management review,24(1):31-48.

MARYLÈNE GAGNÉ,EDWARD L,2005.Deciself-determination theory and work motivation[J].Journal of organizational behavior,26(4):331-362.

MCCLELLAND J L,RUMELHART D E,1981.An interactive activation model of context effect in letter perception:part 1.an account of basic findings[J].Psychological review,88(5):375-407.

NELSON R R,PHELPS E S,1965.Investment in humans,technologicaldiffusion,and economic growth[J].Studies in macroeconomic theory,56(1-2):69-75.

NG T W H,FELDMAN D C,2012.Employee voice behavior:a meta-analytic test of the conservation of resources framework[J].Journal of organizational behavior,33(2):216-234.

OLDHAM G R,HACKMAN J R,STAW B M,et al,1980.Work design in organizational context [J].Research in organizational behavior.

OLDHAM G R,KULIK C T,AMBROSE M L,et al,1986.Relations between job facet comparisons and employee reactions[J].Organizational behavior & Human decision processes,38 (1):28-47.

ROMER P M,1986.Increasing returns and long-run growth[J].Journal of political economy, 94(Volume 94,Number 5):1002-1037.

ROMER P M,1990.Endogenous technological change[J].Journal of political economy,98 (Volume 98,Number 5,Part 2):71-102.

SCHULTZ T W,1960.Capital formation by education[J].Journal of political economy,68(6): 571-571.

SCOTT S G,BRUCE R A,1994.Creating innovative behavior among r&d professionals:the moderating effect of leadership on the relationship between problem-solving style and innovation[C]Proceedings of the 1994 IEEE international:48-55.

SPIELBERGER C D,GORSUCH R L,1983.Manual for the state-trait anxiety inventory (formy):'elf-evaluation questionnaire'[J].Consulting psychologists press:1-24.

STEPHAN J,MOTOWILDO,WALTER C,et al,1997.A theory of individual differences in task and contextual performance[J].Human performance,10(2):71-83.

TSUI A S,FARH J L,1997 .Where guanxi matters: relational demography and guanxi in the chinese context[J].Work & Occupations,24(1):56-79.

TYAGI P K,1985.Relative importance of key job dimensions and leadership behaviors in motivating salesperson work performance[J].Journal of marketing,49(3):76-86.

WEINER B,2000.Attributional thoughts about consumer behavior[J].Journal of consumer research,27(3):382-387.

YOUNDT M A,SNELL S A.Human resource configurations,intellectualcapital,and organizational performance[J].Journal of managerial issues,16(3):337-360.

拜厄斯,鲁,2005.人力资源管理[M].李业昆,译.北京:人民邮电出版社:59.

陈维涛,王永进,毛劲松,2014.出口技术复杂度、劳动力市场分割与中国的人力资本投资[J].管理世界(2):6-20.

陈迅,张艳云,2008.中国城乡居民收入变动与人力资本投资相互关系的实证研究[J].科技管理研究,28(7):183-186.

陈云云,方芳,张一弛,2009.高绩效HRM与员工绩效的关系:人力资本投资的作用[J].经济科学(5):117-128.

成琼文,曹兴,2009.高校引进教师薪酬激励动态模型研究[J].现代大学教育(5):107-111.

程德俊,赵曙明,2006.高参与工作系统与企业绩效:人力资本专用性和环境动态性的影响[J].管理世界(3):86-93.

崔维军,王丽娜,陈凤,2015.基于全面薪酬视角的科技人员薪酬激励路径研究[J].科技管理研究(4):111-115.

戴友夫,1994.调动高校教师积极性应注重精神激励[J].山东工业大学学报(社会科学版).

范如国,李星,2011.三峡库区移民人力资本因素与劳动报酬收入关系的实证研究[J].技术经济,30(2):81-87.

谷佩云,2008.会计准则框架下完善企业薪酬制度研究[J].财会月刊:综合版(9):78-79.

顾英伟,张志强,2007.企业全面薪酬体系研究[J].现代管理科学(8):96-98.

郭和平,2007.论企业知识型员工的全面薪酬激励策略[J].中国流通经济,21(1):57-59.

郭竞,2013.企业R&D投入创新绩效实证分析[J].财会通讯(17):18-20.

韩树杰,2015.实施认可激励要注意的几个问题[J].中国人力资源开发(2):3.

韩翼,2006.雇员工作绩效结构模型构建与实证研究[D].华中科技大学.

洪健,林芳,2007.全面薪酬因素的实证探析[J].江苏商论(8):125-127.

胡进梅,沈勇,2014.工作自主性和研发人员的创新绩效:基于任务互依性的调节效应模型[J].中国人力资源开发(17):30-35.

黄顺春,余丽萍,2007.非货币性薪酬的特点及运用[J].经营与管理(10):68-69.

晁彬云,2006.技能报酬溢价、人力资本投资与经济增长[J].商场现代化(12Z):307-308.

蒋胜永,2008.现代薪酬管理模式的选择与应用[J].企业经济(2):68-70.

赖德胜,2011.教育、劳动力市场与创新型人才的涌现[J].教育研究(9):8-13.

赖德胜,纪雯雯,2015.人力资本配置与创新[J].经济学动态(3):22-30.

李芳,2005.全面薪酬的"立体锥结构"构成[J].中国人力资源开发(8):34-37.

李海红,刘永安,2010.高科技企业研发人员全面薪酬战略研究[J].科技管理研究,30(24):129-132.

李怀祖,2004.管理研究方法论[M].2版.西安交通大学出版社.

李焕荣,周建涛,2008.基于全面薪酬战略的我国知识型员工激励问题研究[J].科技管理研究,28(9):204-206.

李会青,2012.影响学生心理健康问题的特定因素及其关系[J].前沿(2):97-98.

李林,张煜茵,王垒,2004.IT媒体销售人员工作特征模型的研究[J].中国人力资源开发(11):58-61.

李平,2004.上市公司CEO薪酬激励研究[D].长沙:湖南大学博士学位论文.

李萍,谌新民,谢斌,2014.劳动合同期限对制造业与非制造业部门工资差异的影响——基于广东省南海区劳动力调查的数据[J].中国工业经济(4):123-135.

厉以宁,2015.简政放权与培育自主经营的市场主体[J].行政管理改革(9):10-16.

刘爱军,王锐,2010.再析薪酬涵义[J].中国人力资源开发(1).

刘博逸,孙利平,2010.员工创造力的理论模型、影响因素及其测量[J].学术论坛,33(3):130-136.

刘丹丹,罗润东,2014.社会保障对劳资关系的影响效应分析——基于中国经济转型期的省际面板数据[J].学习与探索(10):106-110.

刘海,2012.大学生人格特质、成就动机与职业价值观的关系研究[D].四川师范大学.

刘宏英,苏郁锋,吴能全,2015.组织责任形成研究:任务重要性、战略贡献与绩效可评估性的作用[J].中国人力资源开发(1):41-50.

刘铁明,袁建昌,2008.企业人力资本分类研究[J].税务与经济(3):42-46.

陆晗,2011.农民工人力资本投资研究[D].南京农业大学.

罗茜,李洪玉,何一粟,2012.高校教师人格特质、工作特征与工作满意度的关系研究[J].心理与行为研究,10(3):215-219.

罗文豪,孙雨晴,冯蛟,2016.游戏化在人力资源管理中的应用:理论分析与实践反思[J].中国人力资源开发(1):6-13.

骆品亮,司春林,2001.专用性人力资本投资激励研究[J].管理科学学报,4(2):19-24.

米尔科维奇,纽曼,2002.薪酬管理[M].董克用,译.北京:中国人民大学出版社.

明塞尔,2001.人力资本研究[M].中国经济出版社.

饶惠霞,2013.研发人员工作生活质量对企业创新绩效的影响研究[J].江西社会科学(4):218-221.

任华亮,2016.员工的自我发展诉求能否带来创新?——基于价值观的视角[J].财经论丛(2).

任晓红,2015.弹性福利计划在我国企业的应用[J].山西财经大学学报(S2):71-72.

宋洪峰,2007.总报酬模型的力量[J].企业管理(10):91-93.

隋杨,陈云云,王辉,2012.创新氛围、创新效能感与团队创新:团队领导的调节作用[J].心理学报,44(2):237-248.

孙健,韩峰,2007.海信技术人员的全面薪酬体系[J].中国人才(15):68-69.

孙灵希,滕飞,2013.新进科研人员工作特征与工作投入之间关系的纵向研究[J].科技管理研究,v.33;No.297(23):150-154.

孙晓敏,车宏生,2008.如何设计令员工感兴趣的工作——工作特征模型在员工激励中的应用[J].中国人力资源开发(3):37-41.

孙跃,胡蓓,2009.成就动机在产业集群员工离职意愿决定中的调节效应研究[J].科学学与科学技术管理,30(2):154-159.

所静,李祥飞,张再生,等,2013.工作年限对知识型员工组织承诺的影响作用研究——基于内外部薪酬的调节作用[J].西安交通大学学报:社会科学版,33(2):41-48.

特鲁普曼,2002.薪酬方案:如何制定员工激励机制[M].上海交通大学出版社.

王朝晖,佘国强,2016.高绩效工作系统与探索式创新绩效——战略人力资本和创新氛围的多重中介作用[J].科技与经济(2).

王端旭,赵轶,2011.工作自主性、技能多样性与员工创造力:基于个性特征的调节效应模型[J].商业经济与管理,2011(10):43-50.

王富祥,2006.工作特征对组织公民行为的影响分析[J].科学与管理,26(6):92-93.

王文平,邓玉林,2008.基于工作设计的知识型员工激励机制研究[J].系统工程学报,23(1):81-86.

王忠,熊立国,郭欢,2014.知识员工创造力人格、工作特征与个人创新绩效[J].商业研究(5):108-114.

王重鸣,1990.心理学研究方法[M].人民教育出版社.

温忠麟,2012.调节效应和中介效应分析[M].教育科学出版社.

温忠麟,叶宝娟,2014.中介效应分析:方法和模型发展[J].心理科学进展,22(5):731-745.

文跃然,周海涛,吴俊崎,2015.美国公司推动认可激励的原因与实践[J].中国人力资源开发(2):25-28.

文跃然,周欢,2015.从货币报酬思维走向总体报酬思维[J].中国人力资源开发(2):16-20.

吴良平,曾国华,余来文,2014.劳动力成本提升对地区创新能力的影响研究[J].现代管理科学(10):60-62.

吴明隆,2010.问卷统计分析实务:SPSS操作与应用[M].重庆大学出版社.

谢洪明,王成,罗惠玲,等,2007.学习、知识整合与创新的关系研究[J].南开管理评论,10(2):105-112.

谢晓非,周俊哲,王丽,2004.风险情景中不同成就动机者的冒险行为特征[J].心理学报,36(6):744-749.

熊通成,曾湘泉,谢奇志,2008.总报酬模型:薪酬管理的最新理论与实践[J].中国劳动(9):39-42.

薛俊峰,2009.浅析企业管理中的全面薪酬体系[J].人口与经济(S1):79-80.

薛琴,2007.全面薪酬理论及其对企业员工激励的启示[J].企业经济(8):27-29.

姚先国,方阳春,2005.企业薪酬体系的效果研究综述[J].浙江大学学报:人文社会科学版,35(2):74-81.

姚瑶,赵英军,2015.全球价值链演进升级的内生动力与微观机制——人力资本配置的"结构效应"与"中介效应"[J].浙江社会科学(11):30-40.

易金务,胡磊,2005.《资本论》对人力资本理论的重要贡献及启示[J].南方经济(1):28-30.

尤琳,2012.内部劳动力市场制度对专用性人力资本投资的激励[J].商业研究(9):76-80.

于欣,2008.总报酬薪酬体系设计分析[J].商业时代(21):41-42.

禹钰,2010.情绪对成就动机与风险决策关系的调节效应探究[D].曲阜师范大学.

岳颖,2005.国外非营利组织薪酬管理发展趋势及启示[J].统计与决策(8X):109-112.

张东,2009.全面薪酬模型的发展[J].职业时空,5(8):149-150.

张廷君,张再生,2010.科研员工忠诚度二维模型及其影响因素实证分析[J].中国科技论坛(12):105-111.

张一弛,刘鹏,尹劲桦,等,2005.工作特征模型:一项基于中国样本的检验[J].经济科学(4):117-125.

张再生,宁甜甜,王鑫,2014.基于总报酬模型的知识型员工激励因素研究[J].东南大学学报:哲学社会科学版(2):53-58.

赵兰兰,汪玲,鲁蕊,2005.目标定向、成就动机与兴趣的关系的研究[C]//全国心理学学术大会.

赵泉,2000.人力资本定价与企业家报酬[J].东岳论丛,21(5):30-32.

赵文红,周密,2012.R&D团队人力资源管理实践对企业创新绩效的影响研究[J].研究与发展管理,24(4):61-70.

周红云,2012.工作特征、组织公民行为与公务员工作满意度[J].中南财经政法大学学报(6):131-136.

周兆透,2008.大学教师成就动机与工作绩效关系的实证研究[J].现代大学教育(4):80-85.

朱飞,文跃然,谢安,2015.认可激励的理论发展与实践思考[J].中国人力资源开发(2):21-24.

附　　录

附录1：《总体报酬、工作特征与员工绩效》测试问卷

尊敬的先生（女士）：

您好！非常感谢您在百忙中填写这份问卷。

本调查的目的在于了解中国员工的创新现状，进一步分析创新性员工的人力资本投资意愿，从而为企业的工作设计和再设计提供参考。恳请您大力支持，据实填写问卷。如您需要本调查的分析结果或有其他要求，请与我们联系，我们十分乐意为您效劳。

您对本问卷的所有回答都是严格保密的，分析结果将是结论性质的报告，不会泄露任何员工的个人回答。

再次感谢您的支持！

联系人：　　　　　　电话：

邮箱：

填表说明：

请您在填写问卷前，阅读以下注意事项：

1. 请按问题的顺序回答。

2. 对"（　）"类的题目，需要您进行A、B、C、D的选择。

3. 问卷采取量表法，从1（非常不符合）到5（非常符合）分五个等级进行判断，请根据您的真实感受，在相应的分值下面打"√"。

1表示非常不符合（差），5表示非常符合（好）。

非常不符合 1 2 　3 　4 　5非常符合

一、基本情况

1.性别：（　）

A.男　　　　　B.女

2.户籍：（　）

A.城市户口　　B.农村户口

3.年龄：（　）

A.25岁以下　　　　　B.25~35岁　　　　　C.36~45岁

D.46~55岁　　　　　E.56岁以上

4.婚姻状况：（　）

A.已婚　　B.未婚　　C.其他

5.血型：（　）

A.A型　　B.B型　　C.O型　　D.AB型

6.您在本企业的工作年限：（　）

A.1年以下　　B.1~3年　　　　C.3~5年

D.5~7年　　　　E.7年以上

7.您刚参加工作时的教育水平：（　）

A.高中及以下　　　　　B.大专或高职　　　C.本科

D.硕士　　　　　　　　E.博士

8.您现在的教育水平：（　）

A.高中及以下　　　　　　B.大专或高职　　　　C.本科

D.硕士　　　　　　E.博士

9.刚参加工作时是否从事所学专业？（　）

A.相符　　　　B.不相符

10.您现在的工作与当初所学专业是否相符？（　）

A.相符　　　　B.不相符

11.工作职位性质：（ ）

A.生产　　　B.技术　　　C.管理　　　D.销售服务

12.工作职位层次：（ ）

A.基层　B.中层　C.高层

13.企业按照所有制类型属于：（ ）

A.国有　B.民营　C.外商投资

14.企业按照产业结构属于：（ ）

A.第一产业　B.第二产业　C.第三产业

15.企业类型：（ ）　　A.高科技企业　　　　B.传统企业

16.企业的规模：（ ）

A.100人及以下　　B.101~300人　C.301~500人

D.501~1000人　　　　E.1001人以上

17.企业的行业地位：（ ）

A.领先型　　　　B.中等匹配性　　C.滞后型

二、总体报酬感知

维度	题项	差 （1分）	较差 （2分）	一般 （3分）	较好 （4分）	好 （5分）
薪酬	1.薪酬逐年稳定上涨					
	2.薪酬水平与本人技能匹配					
	3.薪酬水平与同行业企业相比					
	4.当月绩效奖金与工作绩效挂钩					
	5.年终绩效奖金与工作绩效挂钩					
	6.本人薪酬与企业利润挂钩					
福利	7.及时足额为员工缴纳五险一金					
	8.为员工缴纳其他社会保险					
	9.保证员工的工间休息时间					
	10.保证员工的节假日休息时间					
	11.住房福利					
	12.节假日礼品、现金等的发放					

续表

维度	题项	差 (1分)	较差 (2分)	一般 (3分)	较好 (4分)	好 (5分)
工作生活平衡	13.不带薪假期的执行情况					
	14.带薪假期的执行情况					
	15.工作与家庭兼顾情况					
	16.公司对您家庭的关照					
	17.工作中您的身心健康情况					
	18.公司给予您参与管理或提出建议的机会					
绩效与认可	19.工作绩效与个人目标的一致性					
	20.考核标准易于达到					
	21公司目标与个人目标的一致性					
	22.受到上司表扬或额外奖励的机会					
	23.与上司或同事非正式交流的机会					
发展与职业机会	24.公司资助或支持的学习进修培训					
	25.轮岗或在更高级别岗位上的实习机会					
	26.公司组织的培训项目或课程					
	27.晋升机会					
	28.工作对个人能力提升的帮助					
	29.公司提供清晰的未来晋升阶梯或路径					

三、工作特征认知

（非常不符合 1 2 3 4 5非常符合）

维度	题项	1	2	3	4	5
技能多样性	1.工作要求使用不同的技能和能力					
	2.工作要求我使用大量复杂的、高水平的技能					
	3.工作相当简单，并且具有重复性					
任务完整性	4.工作是一个完整的，具有明确开始和结束的工作					
	5.任务由我开始，并且由我完成					
	6.由于工作安排的原因，我没有机会完整地做完一整件工作					

续表

维度	题项	1	2	3	4	5
任务重要性	7.工作的结果显著地影响到别人的生活或者福利					
任务重要性	8.我的工作完成的好坏将会影响到很多人					
	9.工作本身在更大范围上来说，并没有什么意义或重要性					
自主性	10.工作允许自己决定如何完成它					
	11.工作给予我相当大的自由来独立决定如何完成它					
	12.工作没有给我提供任何机会让我自主地判断和完成自己的工作					
反馈性	13.实际工作本身为你提供了有关自己工作效果的线索					
	14.通过完成任务本身，我就可以有很多机会了解自己做得如何					
	15.就我自己的工作效果而言，工作本身提供了非常少的线索					

四、成就动机量表

（非常不符合 1 2 3 4 5 非常符合）

题项	1	2	3	4	5
1.我喜欢新奇的、有困难的任务，甚至不惜冒风险					
2.当我遇到我不能立即弄懂的问题，我会焦虑不安					
3.我在完成有困难的任务时，感到快乐					
4.我不希望做那些要发挥我能力的工作					
5.我会被那些能了解自己有多大才智的工作所吸引					
6.我对没有把握能胜任的工作感到忧虑					
7.面对能测量我能力的机会，我感到是一种鞭策和挑战					
8.一想到要去做那些新奇的、有困难的工作，我就感到不安					

续表

题项	1	2	3	4	5
9.我喜欢对我没有把握解决的问题坚持不懈地努力					
10.在那些测量我能力的情境中，我感到不安					
11.我喜欢尽了最大努力能完成的工作					
12.在完成我认为是困难的任务时，我担心失败					

五、人力资本投资量表

（非常不符合 1 2 3 4 5 非常符合）

维度	题项	1	2	3	4	5
通用人力资本投资意愿	1.我非常希望有机会继续学习和参加培训以提升自己的知识水平					
	2.我非常希望有机会去其他公司工作，以积累多个行业通用的技能					
	3.我非常希望考取多个行业都认可的资格证书					
	4.我非常希望积累多个行业通用的知识，而不是本公司专用的知识					
	5.我非常努力提高多个行业通用的技能，即使这些技能在本公司没有用处					
	6.我非常喜欢阅读其他行业的相关报刊和书籍					
	7.我的人力资本能匹配行业需要的通用的人力资本结构					
	8.我能根据行业对通用人力资本结构的需要，调整自己的人力资本投资类型					
	9.我非常希望投资行业未来需要的通用的人力资本结构类型					

维度	题项	1	2	3	4	5
专用人力资本投资意愿	10.我非常希望更多地了解本公司的历史、发展战略和组织文化					
	11.我非常希望在本公司工作更长时间以掌握更多的本公司专用的知识和技能					
	12.我非常愿意积累本公司专用的经验，即使这些经验在其他公司没有用处					
	13.我非常希望获得更多的本公司专用的工作知识					
	14.我非常努力提高本公司专用的技能，即使这些技能对我跳槽没有好处					
	15.我非常喜欢阅读本公司的内部刊物					
	16.我的人力资本能匹配企业需要的专用的人力资本结构					
	17.我能根据企业对专用人力资本结构的需要，调整自己的人力资本投资类型					
	18.我非常希望投资企业未来需要的专用人力资本结构类型					

六、绩效量表

（非常不符合 1 2 3 4 5 非常符合）

维度	题项	1	2	3	4	5
关系绩效	1.愿意服从组织的安排，积极主动配合上司的工作，维护上级的决策权威					
	2.支持并鼓励同一级别的同事，不将工作责任推诿到其他部门同事的身上					
	3.自愿承担不属于自己的职责，积极帮助那些工作量繁重的同事，帮助同事分忧解难					

续表

维度	题项	1	2	3	4	5
关系绩效	4.主动解决工作中的问题,为公司的管理决策提供好的建议					
	5.培养个人自律性和自控精神,即使上级管理人员不在场也按照指令做事					
	6.自愿做许多有利于公司利益的工作					
	7.认同组织价值,认为在组织中能够发挥自己的能力,为了组织成功努力工作					
	8.关心组织前途,认为组织值得为之工作,为了组织的利益可以牺牲个人利益					
	9.要求安排具有挑战性的工作任务,密切关注工作中的重要细节					
	10.注意个人形象,举止礼貌,有修养					
任务绩效	11.具有很好的与工作相关的专业知识、技能					
	12.能够履行工作说明书中的职责要求,完成工作任务					
	13.能合理处理计划外被安排的工作任务					
	14.不能履行必要的工作职责					
	15.忽视一些必须要做的事情					
	16.工作效率明显高于平均水平					
	17.工作成绩在数量方面明显高于平均水平					
	18.工作成绩在质量方面明显高于平均水平					

您已经完成了本问卷,再次感谢您的帮助!如果您愿意,欢迎留下

您的姓名和联系方式。

姓　名：　　　　公司名称：

电　话：　　　　邮　　箱：

备　注：　　　　省　　份：

发卷人：　　　　填写时间：

附录2:《总体报酬、工作特征与员工绩效》正式问卷

尊敬的先生（女士）：

您好！非常感谢您在百忙中填写这份问卷。

本调查的目的在于了解中国员工的创新现状，进一步分析创新性员工的人力资本投资意愿，从而为企业的工作设计和再设计提供参考。恳请您大力支持，据实填写问卷。如您需要本调查的分析结果或有其他要求，请与我们联系，我们十分乐意为您效劳。

您对本问卷的所有回答都是严格保密的，分析结果将是结论性质的报告，不会泄露任何员工的个人回答。

再次感谢您的支持!

联系人：　　电　话：

邮　箱：

填表说明：

请您在填写问卷前，阅读以下注意事项：

1. 请按问题的顺序回答。

2. 对"（　）"类的题目，需要您进行A、B、C、D的选择。

3. 问卷采取量表法，从1（非常不符合）到5（非常符合）分五个等级进行判断，请根据您的真实感受，在相应的分值下面打"√"。

1表示非常不符合（差），5表示非常符合（好）。

非常不符合 1 2　3　4　5非常符合

一、基本情况

1.性别：（　）

A.男　　　　　　B.女

2.户籍：（　）

A.城镇户口　B.农村户口

3.年龄：（　）

A.25岁以下　B.25~35岁　　C.36~45岁　　D.46~55岁　　E.56岁以上

4.婚姻状况：（　）

A.已婚　B.未婚　C.其他

5.血型：（　）

A.A型　B.B型　C.O型　D.AB型

6.您在本企业的工作年限：（　）

A.1年以下　B.1~3年　　C.3~5年　D.5~7年　E.7年以上

7.您现在的教育水平：（　）

A.高中及以下　　B.大专或高职　　C.本科　D.硕士　E.博士

8.您现在的工作与当初所学专业是否相符?（　）

A.相符　　　B.不相符

9.工作职位性质：（　）

A.生产　　　B.技术　　　C.管理　　　D.销售服务

10.工作职位层次：（　）

A.基层　　　B.中层　　　C.高层

11.企业按照所有制类型属于：（　）

A.国有　　　　　　B.民营　　　　C.外商投资

12.企业按照产业结构属于：（　）

A.第一产业　　　　B.第二产业　　　C.第三产业

13.企业类型：（　）

A.高科技企业　　　　B.传统企业

14.企业的规模：（　）

A.100人及以下　　B.101~300人　C.301~500人

D.501~1000人　　　E.1001人以上

15. 企业的行业地位：（ ）

A.领先型　　　　　B.中等匹配性　　　C.滞后型

二、总体报酬感知

维度	题项	差	较差	一般	较好	好
		(1分)	(2分)	(3分)	(4分)	(5分)
薪酬	1.薪酬逐年稳定上涨					
	2.薪酬水平与本人技能匹配					
	3.薪酬水平与同行业企业相比					
	4.当月绩效奖金与工作绩效挂钩					
	5.年终绩效奖金与工作绩效挂钩					
	6.本人薪酬与企业利润挂钩					
福利	7.及时足额为员工缴纳五险一金					
	8.为员工缴纳其他社会保险					
	9.保证员工的工间休息时间					
	10.保证员工的节假日休息时间					
	11.住房福利					
	12.节假日礼品、现金等的发放					
绩效与工作生活平衡	13.不带薪假期的执行情况					
	14.带薪假期的执行情况					
	15.工作与家庭兼顾情况					
	16.公司对您家庭的关照					
	17.工作中您的身心健康情况					
	18.公司给予您参与管理或提出建议的机会					
	19.考核标准易于达到					
	20公司目标与个人目标的一致性					

续表

维度	题项	差 (1分)	较差 (2分)	一般 (3分)	较好 (4分)	好 (5分)
认可与职业发展	21.受到上司表扬或额外奖励的机会					
	22.与上司或同事非正式交流的机会					
	23.公司资助或支持的学习进修培训					
	24.轮岗或在更高级别岗位上的实习机会					
	25.公司组织的培训项目或课程					
	26. 晋升机会					
	27.工作对个人能力提升的帮助					
	28.公司提供清晰的未来晋升阶梯或路径					

三、工作特征认知

（非常不符合 1 2 3 4 5非常符合）

维度	题项	1	2	3	4	5
技能多样性	1.工作要求使用不同的技能和能力					
	2.工作要求我使用大量复杂的、高水平的技能					
	3.工作相当简单，并且具有重复性					
任务完整性	4.工作是一个完整的，具有明确开始和结束的工作					
	5.任务由我开始，并且由我完成					
	6.由于工作安排的原因，我没有机会完整地做完一件工作					
任务重要性	7.工作的结果显著地影响到别人的生活或者福利					
	8.我的工作完成的好坏将会影响到很多人					
	9.工作本身在更大范围上来说，并没有什么意义或重要性					

续表

维度	题项	1	2	3	4	5
自主性	10.工作允许自己决定如何完成它					
	11.工作给予我相当大的自由来独立决定如何完成它					
	12.工作没有给我提供任何机会让我自主地判断和完成自己的工作					
反馈性	13. 实际工作本身为你提供了有关自己工作效果的线索					
	14.通过完成任务本身，我就可以有很多机会了解自己做得如何					
	15.就我自己的工作效果而言，工作本身提供了非常少的线索					

四、成就动机量表

（非常不符合 1 2 3 4 5非常符合）

题项	1	2	3	4	5
1.我喜欢新奇的、有困难的任务，甚至不惜冒风险					
2.当我遇到我不能立即弄懂的问题，我会焦虑不安					
3.我会被那些能了解自己有多大才智的工作所吸引					
4我对没有把握能胜任的工作感到忧虑					
5.面对能测量我能力的机会，我感到是一种鞭策和挑战					
6.一想到要去做那些新奇的、有困难的工作，我就感到不安					
7.我喜欢对我没有把握解决的问题坚持不懈地努力					
8.在那些测量我能力的情境中，我感到不安					
9.我喜欢尽了最大努力能完成的工作					
10.在完成我认为是困难的任务时，我担心失败					

五、人力资本投资意愿量表

（非常不符合 1 2 3 4 5 非常符合）

维度	题项	1	2	3	4	5
通用人力资本投资	1.我非常希望有机会继续学习和参加培训以提升自己的知识水平					
	3.我非常希望考取多个行业都认可的资格证书					
	4.我非常希望积累多个行业通用的知识，而不是本公司专用的知识					
	5.我非常努力提高多个行业通用的技能，即使这些技能在本公司没有用处					
专用人力资本投资	6.我非常希望更多地了解本公司的历史、发展战略和组织文化					
	7.我非常希望在本公司工作更长时间以掌握更多的本公司专用的知识和技能					
	8.我非常愿意积累本公司专用的经验，即使这些经验在其他公司没有用处					
	9.我非常希望获得更多的本公司专用的工作知识					
	10.我非常努力提高本公司专用的技能，即使这些技能对我跳槽没有好处					
	11.我非常喜欢阅读本公司的内部刊物					

维度	题项	1	2	3	4	5
创新人力资本投资	12.我非常喜欢阅读其他行业的相关报刊和书籍					
	13.我的人力资本能匹配行业需要的通用的人力资本结构					
	14.我能根据行业对通用人力资本结构的需要，调整自己的人力资本投资类型					
	15.我非常希望投资行业未来需要的通用的人力资本结构类型					
	16.我的人力资本能匹配企业需要的专用的人力资本结构					
	17.我能根据企业对专用人力资本结构的需要，调整自己的人力资本投资类型					
	18.我非常希望投资企业未来需要的专用人力资本结构类型					

六、绩效量表

（非常不符合 1 2 3 4 5 非常符合）

维度	题项	1	2	3	4	5
关系绩效	1.愿意服从组织的安排，积极主动配合上司的工作，维护上级的决策权威					
	2.支持并鼓励同一级别的同事，不将工作责任推诿到其他部门同事的身上					
	3.自愿承担不属于自己的职责，积极帮助那些工作量繁重的同事，帮助同事分忧解难					
	4.主动解决工作中的问题，为公司的管理决策提供好的建议					

续表

维度	题项	1	2	3	4	5
关系绩效	5.培养个人自律性和自控精神，即使上级管理人员不在场也按照指令做事					
	6.自愿做许多有利于公司利益的工作					
	7.认同组织价值，认为在组织中能够发挥自己的能力，为了组织成功努力工作					
	8.关心组织前途，认为组织值得为之工作，为了组织的利益可以牺牲个人利益					
	9.要求安排具有挑战性的工作任务，密切关注工作中的重要细节					
	10.注意个人形象，举止礼貌，有修养					
	11.能够履行工作说明书中的职责要求，完成工作任务					
	12.能合理处理计划外被安排的工作任务					
任务绩效	13.工作效率明显高于平均水平					
	14.工作成绩在数量方面明显高于平均水平					
	15.工作成绩在质量方面明显高于平均水平					

您已经完成了本问卷，再次感谢您的帮助！如果您愿意，欢迎留下您的姓名和联系方式。

姓　名：　　　　　　公司名称：

电　话：　　　　　　邮　箱：

备注：

省　份：

发卷人：　　　　　　填写时间：

附录3：85个题项描述统计量表

变量	N	均值	标准差	偏度		峰度	
	统计量	统计量	统计量	统计量	标准误	统计量	标准误
P1	1151	2.9	0.984	−0.057	0.072	−0.147	0.144
P2	1151	3.12	0.949	−0.079	0.072	−0.206	0.144
P3	1151	3.18	0.988	−0.144	0.072	−0.14	0.144
P4	1151	3.24	1.097	−0.186	0.072	−0.501	0.144
P5	1151	3.22	1.117	−0.196	0.072	−0.622	0.144
P6	1151	3.25	1.106	−0.248	0.072	−0.554	0.144
B1	1151	3.47	1.18	−0.385	0.072	−0.649	0.144
B2	1151	3.3	1.168	−0.232	0.072	−0.718	0.144
B3	1151	3.45	1.126	−0.354	0.072	−0.603	0.144
B4	1151	3.4	1.121	−0.404	0.072	−0.451	0.144
B5	1151	3	1.186	−0.078	0.072	−0.774	0.144
B6	1151	3.09	1.17	−0.129	0.072	−0.707	0.144
PW1	1151	3.14	1.095	−0.102	0.072	−0.511	0.144
PW2	1151	3.21	1.139	−0.215	0.072	−0.603	0.144
PW3	1151	3.24	1.035	−0.207	0.072	−0.303	0.144
PW4	1151	3.23	1.063	−0.209	0.072	−0.383	0.144
PW5	1151	3.32	1.007	−0.223	0.072	−0.317	0.144
PW6	1151	3.26	1.033	−0.198	0.072	−0.366	0.144
PW7	1151	3.25	0.981	−0.178	0.072	−0.211	0.144
PW8	1151	3.27	1.03	−0.175	0.072	−0.379	0.144
RD1	1151	3.21	1.005	−0.143	0.072	−0.342	0.144
RD2	1151	3.29	1.028	−0.182	0.072	−0.416	0.144
RD3	1151	3.18	1.124	−0.19	0.072	−0.632	0.144
RD4	1151	3.11	1.101	−0.159	0.072	−0.54	0.144

样本题项的描述统计量

变量	N	均值	标准差	偏度		峰度	
	统计量	统计量	统计量	统计量	标准误	统计量	标准误
RD5	1151	3.27	1.056	−0.212	0.072	−0.433	0.144
RD6	1151	3.18	1.023	−0.106	0.072	−0.27	0.144
RD7	1151	3.32	1	−0.177	0.072	−0.361	0.144
RD8	1151	3.18	1.047	−0.146	0.072	−0.444	0.144
JC1	1151	3.13	1.012	0.067	0.072	−0.373	0.144
JC2	1151	3.1	0.985	−0.062	0.072	−0.214	0.144
JC3	1151	3.06	1.112	−0.125	0.072	−0.571	0.144
JC4	1151	3.36	1.084	−0.227	0.072	−0.597	0.144
JC5	1151	3.3	1.06	−0.144	0.072	−0.517	0.144
JC6	1151	3.18	1.069	−0.125	0.072	−0.539	0.144
JC7	1151	2.93	1.147	0.044	0.072	−0.708	0.144
JC8	1151	3.14	1.051	−0.056	0.072	−0.457	0.144
JC9	1151	2.91	1.167	−0.035	0.072	−0.787	0.144
JC10	1151	2.83	1.142	0.1	0.072	−0.716	0.144
JC11	1151	3.07	1.09	0.017	0.072	−0.557	0.144
JC12	1151	3.19	1.093	−0.099	0.072	−0.629	0.144
JC13	1151	3.27	0.994	−0.159	0.072	−0.279	0.144
JC14	1151	3.36	1.038	−0.231	0.072	−0.419	0.144
JC15	1151	3.21	1.121	−0.177	0.072	−0.621	0.144
ACM11	1151	3.13	1.115	−0.05	0.072	−0.687	0.144
ACM21	1151	3.23	1.126	−0.112	0.072	−0.664	0.144
ACM12	1151	3.59	1.007	−0.396	0.072	−0.299	0.144
ACM22	1151	3.23	1.103	−0.131	0.072	−0.626	0.144
ACM13	1151	3.57	1.088	−0.366	0.072	−0.54	0.144
ACM23	1151	3.06	1.109	−0.049	0.072	−0.636	0.144
ACM14	1151	3.45	1.056	−0.341	0.072	−0.373	0.144
ACM24	1151	3.08	1.118	−0.07	0.072	−0.667	0.144

续表

变量	N	均值	标准差	偏度		峰度	
	统计量	统计量	统计量	统计量	标准误	统计量	标准误
ACM15	1151	3.71	1.098	−0.508	0.072	−0.519	0.144
ACM25	1151	3.27	1.114	−0.211	0.072	−0.614	0.144
HCI11	1151	3.61	1.175	−0.329	0.072	−0.882	0.144
HCI12	1151	3.47	1.1	−0.184	0.072	−0.741	0.144
HCI13	1151	3.5	1.083	−0.194	0.072	−0.753	0.144
HCI14	1151	3.49	1.051	−0.269	0.072	−0.465	0.144
HCI31	1151	3.48	1.062	−0.3	0.072	−0.486	0.144
HCI32	1151	3.57	1.069	−0.348	0.072	−0.538	0.144
HCI33	1151	3.56	1.054	−0.318	0.072	−0.613	0.144
HCI34	1151	3.6	1.072	−0.361	0.072	−0.593	0.144
HCI21	1151	3.55	1.065	−0.286	0.072	−0.604	0.144
HCI22	1151	3.38	1.08	−0.218	0.072	−0.557	0.144
HCI23	1151	3.39	1.066	−0.1	0.072	−0.746	0.144
HCI24	1151	3.34	1.003	−0.019	0.072	−0.553	0.144
HCI25	1151	3.33	1.045	−0.047	0.072	−0.586	0.144
HCI26	1151	3.45	1.04	−0.115	0.072	−0.646	0.144
HCI35	1151	3.44	1.028	−0.251	0.072	−0.439	0.144
HCI36	1151	3.35	0.99	−0.159	0.072	−0.425	0.144
HCI37	1151	3.48	1.071	−0.27	0.072	−0.536	0.144
RP1	1151	3.57	1.136	−0.357	0.072	−0.731	0.144
RP2	1151	3.63	1.1	−0.424	0.072	−0.656	0.144
RP3	1151	3.49	1.06	−0.274	0.072	−0.516	0.144
RP4	1151	3.6	1.036	−0.347	0.072	−0.513	0.144
RP5	1151	3.64	1.06	−0.35	0.072	−0.62	0.144
RP6	1151	3.57	1.071	−0.337	0.072	−0.539	0.144
RP7	1151	3.63	1.048	−0.341	0.072	−0.521	0.144
RP8	1151	3.53	1.051	−0.262	0.072	−0.599	0.144

续表

变量	*N*	均值	标准差	偏度		峰度	
	统计量	统计量	统计量	统计量	标准误	统计量	标准误
RP9	1151	3.49	1.052	−0.205	0.072	−0.638	0.144
RP10	1151	3.69	1.09	−0.485	0.072	−0.537	0.144
RP11	1151	3.6	1.043	−0.365	0.072	−0.468	0.144
RP12	1151	3.58	1.073	−0.449	0.072	−0.405	0.144
TP1	1151	3.38	1.046	−0.229	0.072	−0.382	0.144
TP2	1151	3.36	1.003	−0.088	0.072	−0.498	0.144
TP3	1151	3.45	0.989	−0.206	0.072	−0.383	0.144
有效的 *N*（列表状态）	1151						

附录4：总体报酬——探索性因子分析

附录表4-1　总体报酬——解释的总方差

成分	初始特征值			提取平方和载入			旋转平方和载入		
	合计	方差的%	累积%	合计	方差的%	累积%	合计	方差的%	累积%
1	10.2063508	36.4513	36.4513	10.2064	36.4513	36.4513	4.01295	14.332	14.332
2	1.5886016	5.67358	42.1248	1.5886	5.67358	42.1248	3.57538	12.7692	27.1012
3	1.44945395	5.17662	47.3015	1.44945	5.17662	47.3015	3.55337	12.6906	39.7918
4	1.152246	4.11516	51.4166	1.15225	4.11516	51.4166	2.50367	8.94168	48.7335
5	1.01684388	3.63159	55.0482	1.01684	3.63159	55.0482	1.76813	6.31474	55.0482
6	0.87869097	3.13818	58.1864						
7	0.85360038	3.04857	61.235						
8	0.72297576	2.58206	63.817						
9	0.69942614	2.49795	66.315						
10	0.67054136	2.39479	68.7098						
11	0.64164437	2.29159	71.0013						
12	0.6280043	2.24287	73.2442						

成分	初始特征值			提取平方和载入			旋转平方和载入		
	合计	方差的%	累积%	合计	方差的%	累积%	合计	方差的%	累积%
13	0.61039861	2.18	75.4242						
14	0.59931904	2.14043	77.5646						
15	0.56069933	2.0025	79.5671						
16	0.54926875	1.96167	81.5288						
17	0.53516088	1.91129	83.4401						
18	0.51014975	1.82196	85.2621						
19	0.49974442	1.7848	87.0469						
20	0.4702428	1.67944	88.7263						
21	0.45018894	1.60782	90.3341						
22	0.43971186	1.5704	91.9045						
23	0.41530874	1.48325	93.3878						
24	0.4043706	1.44418	94.8319						
25	0.38287052	1.36739	96.1993						
26	0.36894954	1.31768	97.517						
27	0.36278864	1.29567	98.8127						
28	0.33244809	1.18731	100						

提取方法：主成分分析。

附录表4-2　总体报酬——因子载荷表

成分	成分				
	1	2	3	4	5
25	0.674879931	0.079311361	0.20183094	0.198487453	0.081132722
23	0.672538772	0.147716891	0.188752723	0.148192685	0.216645453
27	0.642144688	0.22801356	0.20108003	0.180017667	−0.039417297
24	0.611735928	0.088691514	0.21332089	0.04707254	0.438582486
28	0.602257262	0.188819951	0.225820974	0.071612851	0.259907695
26	0.590724435	0.16362526	0.220093325	0.058859152	0.303815824

续表

成分	成分				
	1	2	3	4	5
22	0.516208094	0.366428223	0.165344767	0.135032631	−0.066709861
21	0.491779737	0.427968994	0.225597238	0.047913602	0.047580673
20	0.454137531	0.453382272	0.229800316	0.181772147	−0.092093028
15	0.145197174	0.68042858	0.184949159	0.1120046	0.152962129
14	0.081193935	0.61655716	0.109691696	0.218175883	0.296949709
17	0.26857614	0.592614219	0.151543246	0.16639222	−0.090690946
13	0.07021385	0.564235413	0.156311499	0.212772933	0.173866606
16	0.256186461	0.563665631	0.192130277	0.040728074	0.402326285
18	0.405409804	0.533990661	0.169678689	0.1339597	0.118446581
19	0.301332545	0.455148381	0.364020606	0.044944057	0.131781246
2	0.183292384	0.235029817	0.699839856	0.105402714	−0.028685346
3	0.180282392	0.187668618	0.698571592	0.116153542	0.230017764
4	0.230826183	0.119590898	0.681817771	0.269776367	0.055046825
5	0.280639099	0.160059923	0.680408229	0.123517422	0.184418397
1	0.211779029	0.187063603	0.665889615	0.137120507	0.049713656
6	0.206034371	0.148995505	0.546008065	0.236736909	0.234178173
7	0.156309373	0.061835951	0.223126671	0.763384018	0.059840347
8	0.169509949	0.086339283	0.20120366	0.721233414	0.201824271
9	0.117263097	0.365942502	0.161391317	0.64273853	0.064868199
10	0.139297458	0.358187696	0.120958048	0.619112912	0.125135497
11	0.163997719	0.188193167	0.126277783	0.290945283	0.700231367
12	0.261147083	0.287781072	0.273323597	0.138989842	0.547511917

提取方法：主成分。

旋转法：具有 Kaiser 标准化的正交旋转法。

a. 旋转在 9 次迭代后收敛。

附录5：人力资本投资——探索性因子分析

附录表5-1　人力资本投资——解释的总方差

成分	初始特征值			提取平方和载入			旋转平方和载入		
	合计	方差的%	累积%	合计	方差的%	累积%	合计	方差%	累积%
1	7.1592377	42.11316294	42.11316294	7.1592377	42.11316294	42.1132	3.59594	21.1526	21.1526
2	1.177372168	6.925718633	49.03888157	1.177372168	6.925718633	49.0389	3.16497	18.6175	39.77
3	1.042982159	6.135189173	55.17407075	1.042982159	6.135189173	55.1741	2.61869	15.404	55.1741
4	0.764021418	4.494243636	59.66831438						
5	0.707691291	4.162889944	63.83120433						
6	0.656160545	3.859767913	67.69097224						
7	0.628729116	3.698406562	71.3893788						
8	0.599077319	3.523984231	74.91336303						
9	0.575657857	3.386222689	78.29958572						
10	0.544037032	3.200217834	81.49980356						
11	0.51559878	3.032932998	84.53273755						

续表

成分	初始特征值			提取平方和载入			旋转平方和载入		
	合计	方差的%	累积%	合计	方差的%	累积%	合计	方差%	累积%
12	0.493782442	2.904602599	87.43734015						
13	0.467513645	2.750080265	90.18742042						
14	0.454277491	2.672220537	92.85964095						
15	0.42718354	2.512844355	95.37248531						
16	0.404156593	2.377391725	97.74987703						
17	0.382520904	2.250122966	100						

附录表5-2 人力资本投资——因子载荷

成分	成分			成分		
	1	2	3	1	2	3
12	0.705828197	0.134350014	0.283102226			
11	0.641885407	0.173388534	0.29410672			
14	0.63688303	0.354100924	0.001788139			
9	0.624070172	0.281213826	0.163981077			
12	0.622141084	0.219630044	0.307806878			
2				0.21071108	0.23666	0.75501
3				0.177571228	0.3057	0.70768
1				0.452921054	0.03006	0.65068
4				0.13950339	0.42009	0.62982

提取方法:主成分

208

续表

成分	初始特征值			提取平方和载入			旋转平方和载入		
	合计	方差的%	累积%	合计	方差的%	累积%	合计	方差%	累积%
13	0.575884105	0.204367258	0.325824952						
17	0.490550311	0.490077593	0.194131939						
6	0.171673494	0.674859749	0.251005504						
7	0.22685243	0.673041105	0.25600329						
8	0.18731695	0.659903738	0.25310332						
5	0.217481163	0.559023367	0.309709594						
15	0.444525281	0.551692595	0.07994595						
16	0.519470681	0.542773565	-0.02707816						

旋转法:具有 Kaiser 标准化的正交旋转法。

a.旋转在10次迭代后收敛。

附录6：成就动机——探索性因子分析

附录表6-1 成就动机——解释的总方差

成分	初始特征值			提取平方和载入			旋转平方和载入		
	合计	方差的%	累积%	合计	方差的%	累积%	合计	方差的%	累积%
1	3.041479914	30.41479914	30.41479914	3.041479914	30.41479914	30.4148	2.60191	26.0191	26.0191

续表

成分	初始特征值			提取平方和载入			旋转平方和载入		
	合计	方差的%	累积%	合计	方差的%	累积%	合计	方差的%	累积%
2	2.007842439	20.07842439	50.493223353	2.007842439	20.07842439	50.4932	2.44742	24.4742	50.4932
3	0.810134262	8.101342616	58.59456614						
4	0.710566267	7.105662671	65.70022881						
5	0.637386686	6.373866858	72.07409567						
6	0.630562203	6.305622028	78.3797177						
7	0.599183367	5.991833669	84.37155137						
8	0.545377272	5.453772724	89.82532409						
9	0.5183775	5.183775002	95.00909909						
10	0.499090091	4.990900907	100						

提取方法：主成分分析。

附录表6-2　成就动机——因子载荷

	成分	
	1	2
5	0.754003019	0.088096125
3	0.70799161	0.045576754
9	0.703649269	0.025055737
7	0.685458101	0.054887872
1	0.64098511	0.112512024
8	−0.081517071	0.74509971
6	−0.055127413	0.736707061
4	0.160910318	0.707074021
10	0.110466671	0.681984644
2	0.329419498	0.598591007

提取方法：主成分。

旋转法：具有 Kaiser 标准化的正交旋转法。

a. 旋转在 3 次迭代后收敛。

附录7：绩效——探索性因子分析

附录表7-1　绩效——解释的总方差和因子载荷

	解释的总方差								
成分	初始特征值			提取平方和载入			旋转平方和载入		
	合计	方差的 %	累积 %	合计	方差的 %	累积 %	合计	方差的 %	累积 %
1	6.824	45.490	45.490	6.824	45.490	45.490	5.298	35.321	35.321
2	1.193	7.955	53.445	1.193	7.955	53.445	2.719	18.125	53.445
3	0.770	5.132	58.577						
4	0.695	4.635	63.212						
5	0.651	4.337	67.549						

续表

成分	初始特征值			提取平方和载入			旋转平方和载入		
	合计	方差的 %	累积 %	合计	方差的 %	累积 %	合计	方差的 %	累积 %
6	0.607	4.045	71.594						
7	0.593	3.950	75.544						
8	0.534	3.562	79.106						
9	0.500	3.333	82.439						
10	0.478	3.184	85.623						
11	0.470	3.132	88.755						
12	0.461	3.074	91.830						
13	0.424	2.826	94.656						
14	0.423	2.821	97.477						
15	0.378	2.523	100.000						

解释的总方差

附录表7-2 旋转成分矩阵[a]

	成分	
	1	2
1	0.753	0.117
2	0.728	0.198
3	0.686	0.127
4	0.624	0.276
5	0.738	0.194
6	0.714	0.225
7	0.673	0.267
8	0.577	0.338
9	0.620	0.311
10	0.645	0.307
22	0.537	0.470
23	0.529	0.418

	成分	
	1	2
26	0.156	0.752
27	0.226	0.759
28	0.236	0.756

a. 旋转在 3 次迭代后收敛。

附录8：工作特征——探索性因子分析

附录8：工作特征——探索性因子分析

成分	初始特征值			提取平方和载入		
	合计	方差的 %	累积 %	合计	方差的 %	累积 %
1	1.486	49.540	49.540	1.486	49.540	49.540
2	0.895	29.822	79.362			
3	0.619	20.638	100.000			

提取方法：主成分分析。

成分	初始特征值			提取平方和载入		
	合计	方差的 %	累积 %	合计	方差的 %	累积 %
4	1.448	48.259	48.259	1.448	48.259	48.259
5	0.918	30.591	78.851			
6	0.634	21.149	100.000			

提取方法：主成分分析。

成分	初始特征值			提取平方和载入		
	合计	方差的 %	累积 %	合计	方差的 %	累积 %
7	1.592	53.055	53.055	1.592	53.055	53.055
8	0.824	27.451	80.506			
9	0.585	19.494	100.000			

提取方法：主成分分析。

成分	初始特征值			提取平方和载入		
	合计	方差的 %	累积 %	合计	方差的 %	累积 %
10	1.544	51.483	51.483	1.544	51.483	51.483
11	0.898	29.925	81.409			
12	0.558	18.591	100.000			

提取方法：主成分分析。

成分	初始特征值			提取平方和载入		
	合计	方差的 %	累积 %	合计	方差的 %	累积 %
13	1.481	49.368	49.368	1.481	49.368	49.368
14	0.905	30.163	79.531			
15	0.614	20.469	100.000			

提取方法：主成分分析。

成分矩阵

	成分		成分		成分		成分		成分
	1		1		1		1		1
1	0.786	5	0.802	7	0.807	11	0.808	13	0.800
2	0.776	4	0.726	8	0.728	10	0.805	14	0.765
3	0.516	6	0.527	9	0.641	12	0.494	15	0.507